La edad del arrepentimiento

Blanca Anderson Córdova

Ediciones Nuevo Espacio

La edad del arrepentimiento
Copyright © Blanca Anderson Córdova
All rights reserved.
No part of this publication may be reproduced, stored in a retrieval system, or transmitted, in any form or by any means (electronic, mechanical, photocopying, recording or otherwise), without the prior written permission of both, the copyright owner and the publisher of this book.

Cover: "Facades" by Sean Wallace
Ediciones Nuevo Espacio
New Jersey, 07704 USA
http://www.editorial-ene.com
ednuevoespacio@aol.com
First Edition, Mayo 2003
ISBN: 1-930-879-36-9

Cuando este libro empezaba a escribirse, murió mi padre. Cuando casi se terminaba de escribir, sobrevino la muerte de mi primo (un alma gemela). Era inevitable que entraran a formar parte de estas páginas escritas sobre los espejismos de la memoria. Y a ellos les dedico este libro: Robert W. Anderson (1926-1999); Oliverio Hinojosa (1953-2001).

De todo esto yo soy el único que parte.
De este banco me voy, de mis calzones,
de mi gran situación, de mis acciones,
de mi número hendido, parte a parte,
de todo esto yo soy el único que parte.

De los Campos Elíseos o al dar la vuelta
la extraña callejuela de la Luna,
mi defunción se va, parte mi cuna,
y, rodeada de gente, sola, suelta,
mi semejanza humana dase vuelta
y despacha sus sombras una a una.
Y me alejo de todo, porque todo
se queda para hacer la coartada:
mi zapato, su ojal, también su lodo
y hasta el doblez del codo
de mi propia camisa abotonada.

César Vallejo

Let it be assumed then that I am rest, though this is unimportant, at rest or forever moving, through the air or in contact with other surfaces, or that I sometimes move, sometimes rest, since I feel nothing, neither quietude nor change, nothing that can serve as a point of departure towards an opinion on this subject, which would not greatly matter if I possessed some general notions, and then the use of reason, but there it is, I feel nothing, know nothing, and as far as thinking is concerned I do just enough to preserve me from going silent, you can't call that thinking.

Samuel Beckett: *The Unnamable*

Prólogo

Un libro es un gesto: esconde otros. Un epígrafe señala siempre un camino que nunca fue seguido. Este cuento que les hago, recogido en primera instancia de muchas tardes de vida de una mujer, esconde, esconde. Esconde olores específicos de alguien que se va muriendo, por ejemplo, que seguro provocaron, por azar, una anécdota y no otra; o, ya que estamos con los olores, el incienso que ella quemaba cada tarde para que se despejara el ambiente y acaso ayudar a los pensamientos a buscarse en palabras. Este cuento esconde las miradas, los tactos, los movimientos de las manos, los ecos de las risas y los silencios, esos delicados balanceos que son también señales invisibles que le mandamos al mundo, porque aquí estamos, de a ratos cómplices, de a ratos sufriendo y sabiéndolo: agradecidos, vivos.

Todo eso falta, falta tanto. Yo quisiera decir que espero que de alguna manera esos huequitos salieran en el contacto de tus ojos con mi página, que de alguna manera la sombra de un helecho en una frente que evocaba un desliz desafortunado saliera de la página y te tocara y de alguna manera supieras todo lo que oí, vi y luego escribí. Sé que deliro porque sé que siempre serán otras las sombras que circularán entre tus ojos y mis letras, que la sombra de una lámpara sobre mi libro evocará otra tarde en tus ojos, que será diferente cuando tú leas y te coloques por ahí, enroscada como una serpiente en mis palabras. Todo eso lo sé pero quiero dejar escrito mi deseo de que fuera diferente, de que un remolino de luz pudiera congelar las imágenes y que una palabra de ella, mía o tuya fuera sólo eso: *una palabra,* y se derrumbaran los puentes, quemándose, y volaran las cenizas por un espacio blanco como la página vacía, y que este libro que tienes entre tus manos desapareciera bajo las llamas, tranquilamente, porque no sería necesario ya, porque el helecho y la sombra y la página y el cuento de las vidas que he recordado, inventado o vivido en la mía no sería necesario contarlo, porque todo puente quedaría abolido, aunque claro, ahora que lo pienso, también así toda vida.

Prólogo 2

Este cuento nace también veinte años más tarde cuando, por azar, un comentario de un ser dormido a quien yo amo me recordó que también él había sido amado, de alguna manera, hace veinte años por un ser muerto a quien yo amo. Este cuento nace de una oración de un dormido que salió disparada por el tiempo para construirse en un homenaje a una familia casi toda muerta, a una isla que ya no conozco, que sólo perdida en mi memoria se yergue y que yo coloco, como la esmeralda de un cuento infantil, en una página. Este cuento es un abrazo peregrino, una flor marchita, un cementerio abandonado por los ángeles que es necesario visitar para no equivocarnos al mirarnos en nuestro presente. O equivocarnos menos, porque este cuento tiene personajes invisibles que pasean por sus páginas, desplazándome de mi lugar y obligándome a formar parte del corro de almas que me levantan en sus brazos fuertes de vida para lanzarme hacia el interior de la página muerta, me abandonan por un momento allí en el lugar donde caigo, antes de llegar otra vez, entre estruendo de campanas, cada uno con una escoba dorada, la que usan para barrerme fuera del lugar que vuelven a ocupar, casi contentos, sacudiéndose la tierra de los pies, guiñándome un ojo y acostándose sobre las palabras que empiezan a salir de sus bocas, cubriendo mis páginas para siempre.

Prólogo 3

De alguna manera, la simetría del tres. La necesidad del tres. Ese lugar común. Tapujo convencional, distracción de la visión del andamio, el esqueleto del cuento que se sospecha análogo al esqueleto de la mujer que, inclinada, escribe prólogos. Aunque el tres también es seña, puerta entreabierta. Fuerza del tres, obligación del tres, mística del tres, necesidad de hablar para explicar el tres, la sensación de tres. Prólogo tres. Este cuento también nace diez años después de los veinte años después de la muerte del personaje -eje- del cuento, provocación del cuento, eslabón primero del cuento. Ah, pero ¿y si ella fuera la inventada y los que la rodean fueran los tomados-de-la-vida-real? ¡Oh, los trillados centros, los cortes de navaja que hacen trizas nuestros papeles, reales o cibernéticos! (Suspiro que sale de las tres sensaciones que circulan entre las costillas de la mujer inclinada) O habrá que decir (cambiando el tema): toda semejanza con personas de la vida real es mera coincidencia. O: no hay tal cosa como coincidencias. Especialmente si vienen de tres en tres. (Suspiro de la mujer que empieza a sentirse como un embudo invertido). Decide empezar por lo que usualmente se pone al final, después de descubrir por donde salieron los tiros que se fueron disparando, el colgarejo a la bola de hilo, *Bola de Hilo*, uno de los posibles títulos de este cuento.

He llegado a la edad de los arrepentimientos, dijo cuando cumplió los cuarenta años, y se pasó los restantes años de su vida en lo que llamaba la "búsqueda personal de una reconciliación posible con mi fuero interno antes de haber llegado a la edad de los arrepentimientos". Quería saber si el camino hacia la paz interior (la única felicidad posible) que seguía antes de llegar a la edad de los arrepentimientos era el que tenía que haber estado siguiendo. Su intuición le decía que, a pesar de que a veces aparentara lo contrario, era el que era. Todos seguimos ciertos caminos, decía, que son nuestra vida y si los seguimos eran los que eran porque son nuestra vida, ¿no? Esto suena ridículamente simple pero no es así como lo vivimos. De pronto, llegamos a la década de los cuarenta y nos plantamos en ese cero, pupila concéntrica que, acaso por primera vez, se pone a mirar hacia atrás, sintiendo el atrás como un atrás; de pronto, ¿de dónde nos asimos? Si lo que hay es un remolino que da vueltas para arrojarnos fuera de nosotros mismos, sintiéndonos en el vértigo y en un atrás cada vez más atrás. Nos vemos allá bien lejos, nuestros pies dando vueltas, y de pronto empezamos a pensar nuestros caminos, empezamos a ojear nuestro atrás y nos vemos así: por un lado con la vida que fue pero, por otro lado, viéndola (no viviéndola). Ahí mi atrás, aquí mi cero, ahí yo. Convertidos en objetos propios, dando vueltas en la pupila de una distancia contemplada nos damos cuenta de que estamos en los umbrales de la edad del arrepentimiento, medio sorprendidos, medio maravillados, medio interrogantes. Ella quería saber por qué le llegó lo que llamaba una duda alimentada por el arrepentimiento de no haber seguido su camino hacia la paz si lo estaba siguiendo. Cómo es posible, decía, que lo estuviera siguiendo (como creo que sí, casi segura de que sí) y de repente empezara a pensar en arrepentirme, ahí, justo ahí, a los cuarenta. Ella no confiaba en lo que estaba sintiendo, en los márgenes de su cuerpo se anotaban muchas posibilidades, desde lo más típico (los cuarenta, hija, ya tú sabes: aceptación, cómprate el manual de la vida comienza a los cuarenta o tómate una dosis de estrógeno) hasta posibilidades más retorcidas (y por ende, más interesantes, con más tela para cortar); por ejemplo, la sensación de que, a pesar de ella misma, había un revoltillo interior; la idea de que a lo mejor si reflexionara un poco más encontraría algo oculto en esas sensaciones que le entraban de vez en cuando, al quedarse pasmada mirando la luna o al derramar la taza de café o cuando se le moría una planta a pesar de los mil cuidados, o cuando la tristeza se instalaba en medio de una risa creída libre, como si la rareza entrara a contaminar, como si unos monstruitos siniestros deambularan por sus venas, cada uno con un libro, pasando páginas, leyendo o recostando la cabeza, algunos con piernas cruzadas y mirada atenta, otros flotando con sonrisa irónica, libro en mano. Esto no me gustaba nada, me dijo, y mucho menos me gustaba pensar que mis caminos contuvieran un visible signo de interrogación que yo no podía descifrar. Una interrogación tallada, entiéndeme, en mis paseos cotidianos, como si la huella de mi pie descalzo en la arena fuera también hierro quemado, señal foránea que se deja escrita muy a nuestro pesar, olvidable señal que yo no quiero dejar de mirar si es que oculta algo, que no quiero dejar de conocer, si es que existe.

Me jodía y rejodía esa invasión que me había hecho a mí misma, me dijo. Y ella sabía que la invasión era de ella para con ella, que esos monstruitos eran, por así decirlo, su vida; que ella no estaba posesionada por ninguna energía exterior, por nada que no fuera ella misma mirándose a ella misma, su pupila en su huella, su persona en sus rastros. Esto ella lo sabía muy bien, lo único que sabía con certeza era que no le venía de afuera, esa experiencia ya la había tenido y hubiera sabido reconocerla. No estaba viviendo lo de hace muchos años, allá por Nueva Orleáns, cuando ella y Eduardo habían ido de vacaciones a un Mardi Gras (tipo luna de miel) y se habían quedado en una casa de huéspedes, dilapidada y misteriosa como solían ser las casas de esa ciudad, pobladísima de objetos y antigüedades, y ella tan feliz porque era perfecta para Eduardo, quien era un fanático de objetos, quien podía fácilmente enloquecer de felicidad al encontrarse con un pedazo de metal mohoso en la calle y que ahora permanecía pasmado ante la cantidad de objetos raros que proliferaban en esa casa y en esa ciudad que no tenía nada que ver con el resto de los Estados Unidos, según él. En esta ciudad la sombra protestante no pasa del lago, le dijo Eduardo, se queda colgando allá, como la mirada dura de un tatarabuelo congelado en un cuadro viejo que en esta ciudad es un adorno más en una pared. Ella recordaba la fotografía que Eduardo le había tomado, cuando los dos, borrachos de tanta juerga, habían llegado a la habitación verde y él le había dicho párate ahí, frente a la pianola que voy a tomarte una foto. Ella sintió un mareo que en ese momento atribuyó al alcohol pero, al revelar la fotografía la habían visto: allí, rodeándola (había salido perfecto en la foto) la neblina blanca que se sabía de mujer, como abrazándola. Ella no se había dado cuenta, claro, porque andaba bebida (--en el estado de embriaguez es cuando los espíritus que andan por ahí, llorosos o perversos o simplemente tristes de tanta muerte inaceptable se aprovechan para metérsete por dentro y disfrutar, una vez más, de cuerpo) pero cuando vio la foto sintió un espasmo en los hombros: estaba acostumbrada a los espíritus del trópico, mucho más directos en sus idas y venidas, no como éste que subrepticiamente se le había colado en una foto y seguramente en su cuerpo ebrio. Desde entonces dejó de beber para siempre jamás y decidió que cuando viajara siempre andaría con un mazo de salvia en el bolso para quemar y espantar a cualquier espíritu de países desconocidos.

No, ella sabía que eso no era lo que le estaba pasando ahora, que ninguna invasión de afuera venía a hacerle dejar caer vasos, enojarse con Eduardo, sus hijos o sus hermanos, llenarse de rabias desconocidas para olvidarlo todo al día siguiente. Ella no sentía que hubiera muertos enterrados debajo de los peldaños de su casa como empezó a sentir en Nueva Orleáns en aquella casa de huéspedes cada vez que regresaba de los desfiles con Eduardo. Aseguraba que lo de ahora era otra cosa, nada que ver con aquello, en su interior convivían el camino y la duda, un signo de interrogación se levantaba como el cuello de un cisne estrujado, desaparecido y muerto, pero presente como neblina de cisne, fantasma de cisne. Ella no podía engañarse, nunca se había engañado (creía, decía) y no iba a empezar ahora, tendría que arrebatarle los libros a sus monstruitos, tendría que ponerse a leer, tendría que cazarlos con astucia y con entrega, tendría que ser ellos y a la vez... tres puntos suspensivos para poder comprender por qué ahí seguía, arrepintiéndose en crescendo, dudando sobre cosas como haberse quedado en Puerto Rico, casarse cuando se casó, separarse cuando se separó, amarlos cuando los amó, dejarlos cuando los dejó, mudarse cuando se mudó, haber hecho sufrir a los que había hecho sufrir, perdonar a los que había perdonado, tener hijos cuando los tuvo, dale que dale, dale que dale, dale que dale.

Sin embargo, debajo de la lista de arrepentimientos, (lista finita y tal vez por ello) tenía la certeza de que el camino había sido el de siempre y era uno que incluía los arrepentimientos: un camino que era arrepentirse (y no arrepentirse, no se trataba de engañar a nadie), un camino vivido sabiendo que las acciones y sus fronteras se difuminan y arrepentirse o no es igual, exactamente lo mismo pero eso, por el momento (de ahí la necesidad de explorarlo) estaba bien a un nivel digamos teórico (volvía a lo mismo, obsesiva) porque en la vida diaria se vivía de otra manera, de sol a sol podía ser la rumia cotidiana, el repaso de la lista, el fantasma del cisne irguiéndose detrás de un acto simple, como regar un helecho moribundo y preguntarse cómo era posible que se le estuvieran muriendo sus helechos, los siete helechos diferentes necesarios para la protección de sus casas, siete guardianes-esponjas que absorben lo malo y lo expulsan lejos. ¿Por qué se me han empezado a morir, uno a uno, justo ahora? ¿Qué captan ellos que no puedo captar yo? Dale que dale. Sí, porque en el día a día había que levantarse, saludar, comer, trabajar, visitar a la familia, atender hijos, repartir cariño, y ahí surgía el problema, o mejor dicho se vivía el problema: el camino y el cisne (por así decirlo) iban tan juntitos, tan cómodos y tan a gusto pero distinguida cada silueta, precisándose en su cercanía cada vez más, acercándose el uno al otro cada vez más y, si esto era lo que pasaba en la edad de los arrepentimientos, ella no sabía qué hacer. La sensación de ser un remolino paralizado no le gustaba para nada pero como divisaba el cuello del cisne (por así decirlo) suspendido sobre su cabeza como la espada de Damocles, no sabía qué hacer. ¿Empiezo, una vez más, a moverme, a trazar nuevas andadas, o no? Decidió, por el momento, que mejor era esperar a que llegara una señal cualquiera, continuar como si nada pero ojo avizor y precisamente en esas andaba cuando recibió la noticia de que estaba enferma "DE MUERTE".

Se sometió a una operación. Después a otra. No quiero contar los detalles de esos dos años atroces porque ella me pidió que no lo contara nunca. Ella era (decía) como un piojo ensartado por pinzas candentes, aplastado entre uñas de fuego. Ella era un cuadro petrificado repetido al infinito: masa de carne caliente traspasada por metales fríos y cortantes. No hay nada más foráneo al cuerpo (decía) que el mundo de los médicos: todo hiere, corta, enfría el cuerpo y atrapa el alma. Frialdad de escamas, hocico de tiburón: la luz hija de esos tajos no es nuestra, jamás podría serlo. Llegó a no entender por qué interveníamos en nuestros cuerpos de esa manera, por qué permitíamos la aguja aullido, el tajo taladrado por una luz cruel que nos busca a propósito, nos inventa a propósito, como regalo ensalmo a su dios el miedo. Yo no puedo maltratarme de la manera en que ustedes quieren que me maltrate, de la manera en que se maltratan a sí mismos, yo andaba viviendo mi edad del arrepentimiento hasta que llegaron ustedes a encerrarme en una caja rodeada de agujas clavándome los ojos, le gritó un día a un estudiante de medicina medio perplejo que ya andaba arrepintiéndose de no haber estudiado para dentista, ganando lo mismo pero sin tener que lidiar con crisis de mujeres en histeria. Ella no se detuvo a pensar en la similitud de los arrepentimientos o en posibles paralelismos entre ellos. Rehusó toda operación futura, todo medicamento que la embruteciera y se vino a la casa a morir y a reflexionar sobre la edad del arrepentimiento con más intensidad que nunca aunque todavía no sabía bien por qué se había arrepentido, ni recordaba bien de qué. Sin embargo, había creído descubrir una interesante seguridad: no se arrepentía de estar enferma. Lo estaba y ya. Así fue como esta enfermedad temprana le pareció la señal esperada.

Aquí entro yo, Victoria Williams Dávila, su sobrina. Ella le echó el ojo a toda su familia (todos estábamos ahí, vivíamos cerca, la queríamos) y me dijo ven acá, visítame todas los tardes, vamos a hablar. Las páginas que empecé a escribir hace ya tanto tiempo y que aquí empiezan a re-escribirse surgen de ella y por ella, nacen de las palabras que salieron de la boca de esta mujer peculiar y atrayente, palabras que me dijo y continuó diciendo casi justo hasta el momento de su muerte, cuando la llevamos al panteón junto al mar y la enterramos mientras nos mirábamos ceremoniosamente, sin atrevernos a llorar casi, prisioneros del arco de paz que alcanzó su rostro, que adquirieron sus ademanes, que permeó la forma en que guardaba silencio antes de continuar hablando, antes de morir.

Lo que yo escribía, a ratos y a saltos, mientras me preparaba para irme de la isla, nacía de la fascinación que ejerció en mí su vida, la vida que le vimos vivir y que entonces (ahora) me iba traduciendo en palabra, en palabrerío, como solía decir: --Ven Victoria que me invade un palabrerío demencial y necesito hablar. Su vida se hizo palabras, luz de palabras, aviso y toque de palabras, cerco y cárcel de palabras, tumba de palabras frente al mar. Palabras que ahora regresan como un homenaje a quien se sabía muriendo y que cuando finalmente murió, en silencio, vaciada de palabras y de vida, ya se había contado en su muerte y en su vida. Yo no quería olvidar esas semanas, esos largos meses de palabras. Después de nuestras conversaciones me sentaba y garabateaba en unos cuadernos para no olvidar. Mi intención es recordar, escribí entonces, o mejor dicho no olvidar, o mejor dicho recordarme en el futuro, cuando algún día encuentre estas páginas que ahora escribo casi a la carrera porque también yo estoy aquí, claro, también yo voy a necesitarme en el futuro, también voy a querer encontrarme entre los cuentos. Entonces escribo por ella y por mí, escribía en aquel entonces, el círculo se amplía y sospecho que se seguirá ampliando. ¿Por qué me hizo partícipe de esa necesidad de hablarse? ¿Por qué razón me escogió a mí para hablarse? Yo cual Berganza, cual Cipión, recuerdo sus palabras y aquí las consigno (escribí) para que cojan el polvo necesario, se vayan quedando tiesas entre carpetas, envejeciéndose con el paso de los años que yo les iré poniendo a éstos mis primeros garabatos, acaso los últimos, en un extraño paralelismo de muerte. Sí, también esto es posible: como si al recordarla, matara la parte de ella que en mí vive, lo que le hizo a ella escogerme a mí entre todos, incluyendo a sus propios hijos, escogerme a mí para hablarse y yo, ahora, contando sus cuentos pueda enterrarla con sus propias armas, olvidarme un rato de ella, de todos ellos y poder seguir otros rumbos, aunque sean ilusorios, aunque al fin y al cabo sean de ella también, caminos interrumpidos o desviados que ahora se multiplican en mí, otros caminos a los de mi tía Luz Remedios Dávila Aponte.

  Estas páginas surgen de ella, son ella pues, con ella se cierra (o se abre, no sé) un círculo: ella origen, ella medio, ella fin de estas palabras que circulaban obstinadamente alrededor de la quietud que enmarcó su rostro y se clavó en su mirada antes de morir, varios días antes de morir. Mirada que nos miró a todos, que me miró desde su ausencia de tiempo, que estuvo mirando un punto fijo en mis ojos que le respondió ajena a mí, yo y no-yo; esa quieta mirada en la cual no me miré sino que miró a un punto en mis ojos me hizo saber que yo entendería y que ella (obviamente) lo sabía antes que yo. Después de estas páginas hay un vacío que es yo y es ella, también después de estas páginas seguirá el homenaje, lo sé, pero ese es otro cuento, un cuento que existe después y que ni tan siquiera he empezado a contar todavía. Todavía estoy aquí, todavía no he comenzado a irme; la familia continúa sus ritos de visitas, cenas, conversaciones lánguidas al atardecer, se habla sobre Remedios susurrando, a veces con gran entusiasmo y agitación de manos, se siguen encontrando papelitos sueltos de ella, se encuentran los papeles y libretas escritos por otros miembros de la familia que Remedios siempre recogía diciendo: somos una familia de grandes habladores sin disciplina, somos una familia de libertinos crédulos, somos una familia de humildes arrogantes, somos una familia de nómadas frustrados, somos una familia de claustrofóbicos abiertos. Alguien tiene que recoger un poco del caos por si acaso, por si las moscas, decía, e iba metiendo todo papelito suelto en una lata de galletas export soda; cada carpeta la amarraba con un cordoncito rojo y la ponía en el armario grande de espejos ovalados que había circulado por la familia desde los tiempos de maricastaña, decía Leonor, cuando la gente tenía dos trajes, un par de zapatos y no se necesitaban closets; el armario medio desvencijado de Remedios, donde ella iba guardando papeles, libros, cartas, fotografías, pertenencias de todos y que ahora empiezan a entregarme a mí, como si ellos ya hubieran decidido quién sería la encargada, en esta generación, del desorden de su memoria. Yo los acepto, claro, tengo que aceptarlos, yo era la que me encerraba con Remedios cada tarde a escucharle los cuentos, a hacerle compañía, los demás la visitaban por las mañanas y por las noches, de domingo a domingo, pero mientras las ganas de siesta los mecía y los más afortunados sucumbían a ella, yo y Remedios sorbíamos café (nunca dejó de beber café, sólo unos cuantos días antes de morir y ahí supimos que se nos iba) y ella me hablaba, nosotras las únicas que nunca dormíamos siesta porque no tolerábamos despertarnos con modorra cuando aún se estaba en el mismo día, decíamos. Ahora yo acepto los papeles que voy sacando de las latas de galleta export soda (yo no puedo andar por el mundo con latas), los voy acomodando en otras carpetas, alisándolos, sin leerlos. Los acepto pero no voy a leerlos, ahora no, ahora sí que no, siento el peso sobre mis hombros, siento cada carpeta como un ancla espetada en la playa, una piedra que se alza entre yo y el horizonte. Yo no sentía esto cuando la tía Remedios me hablaba, sus palabras eran puertas que se abrían, aún sus cuentos más tristes eran mensajes de lo que podría dibujarse o borrarse en el mundo de los posibles. Sus palabras, como mapas, abrían mundos, liberaban los pies como un buen baile, empujaban al movimiento y al sueño de la vida; pero ahora, con la solemnidad con que van encontrando sus cosas y me las van dando, es como si me clavaran una de tus agujas médicas, tía, estos libertinos crédulos, estos nómadas frustrados que te han querido tanto y que, creyendo continuar con tus conversadas diarias, me entierran con estas carpetas y papeles, tía. Ay, si me dejaran tranquila, escribí, si pudiera irme en paz, escribí, no me pongan esas carpetas sobre mis maletas invisibles, no me aten las manos con sus lágrimas de pétalos sonrientes, no me hagan llorar de esta manera, no me hagan llorar por la tía, por mí, por ustedes, por nosotros, no me hagan llorar mientras miro el mar desde esta isla, desde esta tumba. Pero aquí vienen, se acercan a mí sonriendo tristemente mientras me entregan los papeles y las latas export soda. Me miran en silencio y yo los miro con la misma mirada, lo sé, y me toca abrir las latas e ir sacando papeles arrugados, cartas, versos, una que otra fotografía, rezos, mientras ellos continúan como en procesión y el gesto de entregar acompaña la mirada de tristeza dulce y yo me encuentro devolviéndoles la misma mirada y no quiero; no quiero mirarlos con la misma complicidad, no quiero cerrar cada carpeta con el eslabón de una cadena que ya empieza a circular por mis pies anclados en estas playas, frente a este mar eterno, que nunca se detiene y que nos empuja hundiéndonos en la arena. Quiero pensar en la mirada de Remedios, en la última o una de las últimas, no sé, debería ser la última, quiero que sea la última: la que pareció congelarse mientras miraba a un punto en mis ojos, un punto que era yo pero que yo no conozco todavía. Sus ojos, vorágine de quietud, resaca luminosa, me dijeron muchas cosas, me dijeron algo así como tú no eres mi espejo, Victoria, no vayas a pensar eso, me dijeron algo así como no has sido receptáculo tampoco, Victoria, ni tan siquiera puedes ser cómplice porque tu vida empieza ahora, como quien dice mientras que la mía termina ahora, como quien dice. Quiero pensar que sus ojos me dijeron algo así como no te caigas bajo el peso de tanto papel y tanto cuento, tú recíbelos y guárdalos, no son importantes, por lo menos ahora no, esta familia de absurdos creyentes hubiera podido ser otra, ¿sabes? Nos fascina cerrar capítulos y ponerles títulos, capítulos a *La Familia*, nos sentimos contentos y cómodos abrazándonos pero nunca levantando un tentáculo hacia afuera: tú recíbelo todo y guárdalo por ahora, por si acaso, por si las moscas, porque ¿cómo iba a saber yo que no llegaría ni tan siquiera a frisar los cincuenta? ¿Que ni tan siquiera llegaría a la doncella plenitud de los cuarenta? En pleno arrepentimiento, aguardando una señal, ¿cómo iba a saber que el morirme ahora era lo que me tocaba? Racionalmente, digo, porque hay cierta comodidad en estar aquí ahora después de la lucha con la enfermedad y los médicos (eso no hay que contarlo, no es posible que aquella fuera yo), ahora creo saber que la continuidad no se interrumpió y lo único que tenía que hacer era hablar, hablarte especialmente a ti, Victoria, antes de irme. Ay, tía, yo quiero recordar ese momento, esa mirada tan distinta a la caravana silenciosa de familiares medio llorosos que me entregan papeles, latas y carpetas, marcando el inicio de lo que seguirán haciendo a lo largo de los años que dure mi ausencia. Fue como si unos dedos suaves salieran de los ojos de Remedios y abrazaran una parte de mis ojos que desconozco todavía, dedos de escarcha, sombras de peces, hablando desde mis ojos un secreto que era también ella y que me dobla ahora sobre estas páginas, pluma en mano, a veces frente a la máquina de escribir (luego será la computadora), escribiendo para poder guardar, escribiendo para poder olvidar, escribiendo para poner la carpeta junto con las otras, las que cargaré conmigo a donde vaya pero que no van a impedirme que me mueva, porque yo no voy a permitir que me aten a este barrio, a esta isla, a esta familia de libertinos incrédulos, de humildes arrogantes, encerrados sobre sí mismos, abrazados a sí mismos, absorbiéndolo todo desordenadamente, señalando hacia una foto familiar, todos ellos observándose mirar ahora un lugar vacío, antes ocupado por Remedios. Y este camino que se va abriendo en mí también estaba escrito en ese cruce de miradas entre Remedios y yo, Victoria, quien ahora se dobla sobre sus páginas, quien ahora teclea sobre su máquina de escribir, quien ahora teclea sobre su computadora, escribiendo las lluvias que salieron de la boca de su tía y que llenan la tumba, seguro que sí, la tumba que alberga su cuerpo, aquí junto al mar.

Remedios murió un jueves de agosto. En nuestra familia todos se morían un jueves de agosto, en pleno calor agobiante. La enterramos y yo me dispuse a mi viaje, pospuesto ya dos veces por su enfermedad. Tenía veintidós años y me iba a Madrid, igual que tú, tía, que también te fuiste por un tiempo, con uno de tus amantes, para escándalo y consternación de las tías abuelas que, sancochadas en sus vestidos negros bajo el sol implacable, te miraban descender a la tumba mientras lloraban calladamente y yo las escuchaba pensar: Remedios siempre fue una cabezona, un espíritu libre como el de nuestra difunta madre Luz Remedios, la que tocaba el piano a las seis de la mañana, trasteaba con sus plantas medicinales, siempre yendo y viniendo por la finca a caballo, ella sí que era un escándalo para la época y Luz Remedios bien heredó su nombre porque tenía el mismo espíritu anti-convencional pero pobrecita, bendito, tan joven y muerta, bendito, y qué corazón más grande, ¡ay bendito, qué devoción a su madre y a sus hijos! ¡Qué aguante! ¡Qué manera de enfrentarse a la muerte! En la familia no se hablaba de aquel viaje de Remedios a España, a menos que fuera para despotricar en contra de aquel hombre horrible que se la llevó a España esperando para regresar a Puerto Rico a que ella cumpliera la mayoría de edad. Terminaron separándose un año más tarde y él entró a formar parte de la lista de los "innombrables" de la familia. Era una lista de muchos, que iría creciendo con los años y así siempre se aludía a ellos: --"el innombrable" no se atrevió a llamar más después de que lo pusimos en su sitio, o: --eso fue obra y gracia del "innombrable" aquél, o: --si ella está medio desarbolá es por culpa del "innombrable" ése y así sucesivamente. Yo sentía que mi viaje a España de alguna manera hacía eco al suyo y me gustaba pensar que me iba para Madrid como ella antes se había ido y que en realidad tampoco ninguno de ellos quería que me fuera. Nadie más lo vio así, claro, porque Remedios nunca se había ido, fue el innombrable quien se la llevó y no era lo mismo; a ellos les costaba perdonarme mis ansias de salir. --Qué manía de no parar la pata, qué ganas de alzar vuelo, qué afán de ver ¿qué? si la gente es gente en donde quiera, en todas partes se bate el mismo cobre, se cuecen las mismas habas, decía Leonor. Leonor había estudiado en Chicago, como otros de su generación, por el programa de becas y de ayuda que existía entre la Universidad de Puerto Rico y la Chicago University y había sufrido horrores con aquellos vientos fríos. Pero más que nada, recordaba con una mezcla de horror, dulzura y consternación a aquellos obreros migrantes puertorriqueños que conoció en septiembre, cuando apenas comenzaba el friíto en Chicago y que le dijeron, cuando ella les preguntó si habían comprado abrigo, que ellos venían de las montañas de la isla y estaban acostumbrados al frío. Leonor regresó a Puerto Rico con su esposo gringo y jamás volvió a salir, convencida de que los puertorriqueños tenían que quedarse en Puerto Rico, dándole la bienvenida a cuanto extranjero llegaba (--mejor que vengan acá, que nosotros los puertorriqueñizamos en dos patás, en eso de nacionalizar a otros somos expertos) y viviendo horrorizada frente a la progresiva enfermedad de la diáspora que llegaría a contaminar hasta a sus hijos, uno por uno, empezando por mí. A mí me miraban y no me decían nada, pero yo sentía el reproche: ellos estaban viviendo su dolor por la muerte de Remedios, sufriendo en su idea de que yo abandonaba a la familia que sufría por ella y eso era imperdonable.

Sin embargo, Remedios, yo me llevé tus palabras conmigo, yo sabía que tenía que llevármelas, en parte para poder olvidarlas. Te llevé conmigo y por muchos años nunca te mencioné sino de pasada, un nombre más, un familiar más. Lo que había escrito las veces que salía de tu cuarto con la urgencia de escribir, esas palabras tuyas que ahora salen salpicadas aquí y allá mientras te pienso, me acompañaron siempre, estuvieron en todas las casas que viví, ocuparon su rincón junto a las carpetas y papeles que continuarían llegándome a través de los años, que me irían entregando mientras la familia se iba muriendo allá en la isla. Yo los aceptaba, claro, primero con resignación, después con ternura, sabiendo que a pesar de que nunca regresé a vivir a Puerto Rico y que en el fondo no lo entendían y no me lo perdonaban, seguirían entregándome papeles escritos, libros favoritos, cositas personales de los que se iban muriendo y que aparecían por ahí, todo seguramente provocado por aquel primer gesto tuyo, Remedios, de hace tantos años de ven Victoria, ven todas las tardes a la hora de la siesta, que necesito contar cuentos, necesito hablar.

--Leonor, búscale a Victoria la décima de papi que encontramos en una gaveta en casa de tití Consuelo, Dios la tenga en su gloria y le haya perdonado las trastadas legales que le hizo a su pobre hermano para quedarse con el dinero de la finca donde ahora acaban de construir el Pitusa ése. --Jacobo, dale a Victoria para que se la lleve la carta de su abuela a no se sabe quién y que obviamente nunca mandó que encontramos en el libro de arte moderno del primo Javier, publicado en español por los síndicos del Museo de Arte Moderno de Nueva York. --Que se lleve el libro también ¿no? Ese libro edición limitada ya es una reliquia, quién sabe por qué Javier pegó esa carta de mami sin destinatario aparente en la esquina de la página donde aparece el poema de Apollinaire sobre el cuadro de Rousseau. --Pues es obvio, empezaba Jacobo, mientras iba por el libro, es el epitafio de Apollinaire a Rousseau: "Querido Rousseau/¿Nos oyes? Te saludamos/ Delaunay, su mujer,/ Monsieur Queval y yo./ Deja pasar libremente nuestro equipaje/Por las puertas del cielo. / Te traeremos pinceles y colores...etc, etc, --Bueno, ¿y qué carajo tiene que ver...? --Pues piénsenlo, es obvio: Javier pintaba, Javier murió, la carta de mami (que era su tía favorita, ustedes lo saben) está puesta sobre el cuadro *El sueño* de Rousseau y ése fue su último cuadro, ¿ven? y a Javier le fascinaba Rousseau. --Yo personalmente no veo la relación entre las pinturas de Henri Rousseau y los torsos mutilados llenos de bichos colgantes (--se dice pene, sé más fina) del pobre Javier, bendito, Dios lo tenga en la gloria, uno de los primeros en morir de SIDA aquí en Puerto Rico. --Y él nunca lo admitió, ¿recuerdan? Ese cuento que hizo circular de que fue un virus que le pegaron las palomas del parque de las palomas del Viejo San Juan no se lo creyó nadie. --Pobrecito Javier, tan dulce y cariñoso, hasta que la enfermedad le afectó la mente y se volvió otro, él siempre tan fino y atento, lo que salía de su boca al final de su vida eran puros sapos y culebras, bendito sea Dios. --El era el único de los sobrinos de mami que siempre se presentaba fielmente todos los domingos a visitarla con las bolsitas de galletas cucas que tanto le encantaban a ella. --Se sentaban a tomar café y comer galletas cucas, todos los domingos a las tres de la tarde. --Ese sí era un espíritu sensible, decía Aurora. --Claro, decía Jacobo, heredó la línea de sensibilidad homosexual que corre en la familia. --Un artista que hubiera llegado lejos si no llega a ser por el innombrable de su padre que nunca lo entendió, que prácticamente lo obligó a estudiar leyes y que tenía el gusto artístico en el jollete. --(por favor, qué vulgar estás) --El era un artista de fina sensibilidad homosexual decía Jacobo, igual que su tataratioabuelo Liborio Dávila, el primer homosexual ilustre de la familia. --¿Ilustre por qué? --Porque tuvo los cojones de no casarse, despreciado por todos menos por nuestro bisabuelo Jacobo. --Padres machistas, esposos machistas, qué daño hacen, piensa Aurora. --¡Y el innombrable ése, tenía que ser sudamericano! --Por eso yo me casé con un gringo, decía Leonor, que aunque medio aburridos dejan a una tranquila. --Pues yo estoy de lo más bien con mi puertorriqueño, decía María Luisa, que en ese momento todavía no había sido traicionada. Orgullosa estoy de siempre haber andado con puertorriqueños (excepto Antonio pero eso no fue un amor), son los mejores porque son el punto medio, latinos medio americanizados, no te controlan tanto ¡y te susurran al oído en español!

Aparecía finalmente el libro del primo Javier y, antes de entregármelo, se buscaba la carta de la abuela y se leía parte en voz alta: *Tú dices un día menos de vida... ¿será cierto? ¿No será un día menos de muerte? ¿No es la vida muerte? ¿No es la muerte vida? Las montañas se alejan y se alejan mis inquietudes... Sólo guardo un cero en mi existir. ¿Me estaré tornando insensible o es que el dolor llega con su manto oscuro de luz para fabricar sombras al entrar al sendero final? Subir al dolor, atarnos a la fe, acuérdate, alma mía.* --Probablemente son unos pensamientos de los de ella que le pasó a Javier, decía Ángeles, ustedes saben que ellos se pasaban las horas muertas filosofando entre café y galletas cucas. --Pues suerte que mami estaba ciega y nunca vio las pornografías grotescas que dibujaba. --Leonor, tú estás un poco obtusa hoy. --Yo lo siento, digo, el innombrable lo trató muy mal, lo sé, debió haberlo puesto a tomar clases en Bellas Artes y no es que no tuviera talento pero lo siento mucho, eso no es arte y yo no voy a enganchar uno de esos cuadros en la sala de mi casa, ¡no señor! --No todos son así. --El noventa y nueve por ciento: pingas y torsos mutilados, pingas y torsos mutilados. --¡Qué vulgar andas hoy! --¡Vulgar nada! Yo estoy de acuerdo con Leonor, decía Isabel, pero porque a mí no me gustan los hombres y creo que una pinga es lo más feo que hay en este mundo.

--Bueno, decía Jacobo, eso es porque tú eres heredera de la línea lésbica de la familia mucho menos documentada pero existente. --Porque eso no se perdona, una lesbiana es horror doble. --Eso se puede debatir. --No, la tía Isabel tiene razón, eso no lo pueden entender los hombres, que los excluyan de cualquier experiencia sexual, murmura Aurorita. (A Aurorita la miran de reojo).

Venían y me entregaban el libro, el poema. --Tómalos y llévatelos, Victoria, tú ya tienes las libretas de mami, a lo mejor encuentras esto escrito en ellas, de todos modos mira: tú naciste en octubre del cincuenta y cinco y el libro éste se publicó en octubre del cincuenta y cinco. --Qué manía de buscarle cinco patas al gato, decía Leonor. --No, cincuenta y cinco, decía Isabel.

Yo tomaba el libro, seguía recogiendo los papeles. Que ellos no quisieran ir en contra de tu voluntad, Remedios, era la única explicación que se me ocurre, ahora que yacen casi todos acompañándote en la tumba frente al mar, porque me los seguían dando a pesar de los constantes comentarios como: --Estos versos dignos de ser letra de una danza no deben salir nunca de Puerto Rico, --¿Cómo es posible que tú no quieras regresar a vivir en la isla, entre nosotros? --Esta es tu patria, sólo podemos pertenecer a un lugar, el lugar donde naces, donde está la familia, la única seguridad que tendrás, la única que te dará ayuda cuando realmente la necesites, tú no puedes querer a esta islita como nosotros la queremos. --Nosotros nos quedamos y la vemos cambiar, vemos el caos que extiende sus alas y a veces nubla la vista, pero sigue siendo la patria, hija, sigue siendo tu patria, sobrina. --¿Cómo puedes cantar yo soy boricua mi amor es Puerto Rico, la bomba ay que rica es y largarte? --Lo de tu viaje a España hace tiempo lo podemos entender, aunque te fuiste bien rápido después de la muerte de Remedios, pero te fuiste a España y lo entendemos, si hasta Luz Remedios fue a España con el innombrable aquél y al fin y al cabo existe el vínculo con la España, digo, de ahí venimos. --Todos venimos de algún lado, decía Leonor y nuestra familia lleva generaciones en Puerto Rico. --Desde el siglo dieciocho decía Jacobo, desde Francisco Santa Ana, fundador del pueblo de Manatí, nombrado Teniente Aguerra porque era el único que sabía leer y escribir y además tenía zapatos y podía ir a San Juan, como decía nuestro abuelo Jacobo que decía Liborio que decía Gustavo. --No repitamos el cuento de mami de la madre patria, continuaba Leonor, que esas eran puras vainas que le entraron después de vieja, lo único español que tenía mami era lo de las doce uvas en año viejo y el único que se las comía con ella era Gustavo, que en paz descanse. --Sigo diciendo que lo de España lo puedo entender, digo es Europa ¿no? decía María Luisa, pero ¿Estados Unidos? ¿Quedarte en ese país pudiendo estar acá, teniendo la alternativa de poder estar acá? --No mija, decían Isabel y María Luisa, tú estás hecha una gringa, como tu padre que es gringo y aunque te hayas criado acá, saliste gringa. –Su padre será gringo pero vivimos acá, saltaba Leonor, y ha salido mejor que los productos del país tuyos, María Luisa, que cada vez que ven un palo de escoba se le van detrás. --Ya lo sé, decía María Luisa, dolida, pero me liberé de ellos aquí y aquí todavía estoy.

Sin embargo, fueron precisamente María Luisa e Isabel las que me entregaron, solemnes, las dos libretas de la abuela y fue Isabel la que me mandaría el misal de Jacobo después de su muerte. Yo iba cada Navidad y casi siempre me hacían entrega de algo, los papeles fueron sustituidos después por algunos objetos: --Aquí hay una fotografía de tu tío Gustavo que en paz descanse recitando el brindis del bohemio a su madre en noche vieja, después de las uvas. --¿Recuerdan cómo se sentaba al lado de ella y se comían las uvas en silencio, mientras el resto andábamos tirando las ollas y los candungos de agua hacia afuera antes de abrazarnos y desearnos feliz año a grito limpio? Isabel siempre llenaba el balde más grande y lanzaba el agua más lejos que nadie, diciendo váyanse espíritus de la maldad, vengan, espíritus buenos, traigan mucho amor, mucho amor a la familia y, dependiendo quien estuviera al lado de ella, decía: que mi hermano Jacobo logre la paz de un amor, que mi hermana Maria Luisa pueda liberarse internamente del último innombrable que la ha traicionado, que mis sobrinos dejen de estar yéndose de esta isla querida, que la familia reciba mucha fuerza y mucha unidad. Después le daría con poner yerbas en el candungo, añadir agua de Florida, hacer una cruz con palitos de canela y un cordoncito rojo, prenderle fuego y caminar por la casa antes de tirarla en el balde de agua de las doce pero cuando agarró una docena de huevos hervidos y los echó con el agua aplastando las míramelindas del jardín de María Luisa, todos firmemente le prohibimos que hiciera más mejunjes y tuvo que conformarse con lanzar el agua regada con un poco de sal como saludo al mar. --Toma Victoria, llévate esta foto, fue la última navidad de mami y la última vez que Gustavo recitó el brindis. --Llévate la cajita china de mi tía, que tú no conociste porque murió joven como Remedios, bendito sea, Dios las tenga en su gloria, fue la primera mujer que se puso un par de pantalones en Manatí, está rota y vieja pero te la doy porque yo ya ando sintiendo que ésta será mi última Navidad, mi último año de vida, ahora que mami no está no tengo alegrías. --¿Por qué no le dan a Victoria el diario de dibujos del primo Javier que tenía mami, qué talento pero qué obsesión con dibujar penes, mija, suerte que mami no podía verlo, mira este dibujo de este cuerpo con tres penes, dios mío, dónde tú crees que hubiese podido exhibirse una cosa así? Cada Navidad y a veces los veranos me seguían entregando cosas, tía, acaso por respeto hacia ti, hacia tu recuerdo, esa presencia tuya que siempre estuvo en sus casas y en cada reunión familiar porque a los muertos no se les olvida nunca y mucho menos a ti, especialmente tú. Yo aceptaba, cargaba, regresaba, viéndolos envejecer, viéndolos morirse uno a uno mientras yo, mis hermanos y mis primos nos íbamos yendo, uno a uno, para nunca más volver. Ellos me los entregaban, acaso resignados a que fuera yo, acaso resignados a la necesidad de seguirte a ti, Remedios; al fin y al cabo eran sus tesoros, ecos de una familia que se moría junto al mar frente a una generación que cruzaba el mar y se dispersaba para siempre. Empecé a entenderlos, tía, a aceptarlos, con la aceptación que trae la distancia, y me daban pena todos ellos y me dolía el entenderlos pero tampoco quería repetir sus gestos solemnes al entregarme tanto papel, tantos recuerdos. Una cosa era la tristeza, tristeza de una distancia medible por la memoria, tristeza de recibir el cenicero favorito de Jacobo, por ejemplo, uno verde oscuro que tenía una especie de esfinge egipcia y que él llamaba Nefertitis. Esas tristezas tienen su razón de ser: recordar, inventar, alabar o condenar, hilar la vida de un muerto a la tuya, tapiz-vida necesario para andarlo o enrollarlo y guardarlo o lo que sea; otra cosa eran aquellos momentos solemnes que encerraban culpas, reproches, preguntas sin respuesta posible desde mi lado, mi tiempo, mis voces, mi generación. Recordé cómo el hijo de Mercedita que estaba aprendiendo a hablar le llamaba Nefertitis a todos los ceniceros. Jacobo lo mandaba a traerle sus cosas y el niño le traía a Sócrates (el periódico), las musas (los cigarrillos), Palas Atenea (el encendedor) y tenía que tomarse todo el Patroclo (biberón). --Jacobo, estás confundiendo a ese niño, por Dios. --Sólo son palabras, por Dios. Aprenderá las etiquetas formales a su debido tiempo. --No harm done. --No sé. --Mercedita pronto podrá hacerse cargo, anda en momentos difíciles, tú sabes. La depresión, el innombrable, todos los primos yéndose para allá afuera y ella acá, madre soltera, ya sabes. --Aún así, el niño está aprendiendo a hablar y lo que se le va a formar es un arroz con culo mental. --Los niños sobreviven, y ése sabe más que las arañas --¿Tú te crees que él no sabe que es un juego? --Déjenlos, no harm done.

Ahora tampoco quiero ser solemne, tía, especialmente cuando recuerdo como tú odiabas la solemnidad. Estabas siempre muy enfrascada en la intensidad natural de la vida, decías, como para caer en solemnidades, dejémosle eso a Isabel, decías, ella lo hace mejor. De todos, eras la más irreverente: --Sólo me gustan dos tipos de actividades de grupo: las fiestas y las protestas, todas las demás están, pues, eso mismo: ¡de más! --Remedios lleva sus manías al extremo, decía Leonor, de vez en cuando hay que tranzar e ir a un evento. Ella no quiere ir a un entierro, ella no quiere ir a un bautizo, ella no quiere ir a una boda, ella no pisa una iglesia, con lo que le gusta casarse a la gente en este país. Pero Remedios no cedía, veía los ritos y las ceremonias sociales como el epítome de la solemnidad, gestos de solapa les llamabas y te reías, por eso no te cogían ni muerta en una boda, bautizo o graduación. Le permitió a la tía Purificación de la Candelaria que llevara a sus hijos a bautizar cuando tenían siete y ocho años, en parte porque estaba viejita y no quería contrariarla y en parte porque la tía ya los había convencido de que era imperiosamente importante bautizarse por la iglesia y no con las gotas que su madre les había echado encima en el fregadero de la cocina mientras recitaba una de las elegías de Rilke que nada tenían que ver con el asunto según opinión de Leonor que estuvo presente. Remedios le agradeció a la tía Pura que los llevara a sus graduaciones de sexto grado y seguro que ella los hubiera seguido llevando pero cayó muerta de un ataque al corazón mientras le leía las cartas a su nuera Inés. Suerte tuve, decía Remedios riéndose, de que para entonces mis hijos se habían dado cuenta de que esas cosas eran un aburrimiento total. Al igual que su padre, Remedios nunca entraba en una iglesia si había misa, bautizo o boda; esperaba a la entrada de la iglesia si un familiar se andaba casando o un bebé se bautizaba. --Alguien tiene que continuar con las manías del viejo, le decía a Leonor, lleva mucho tiempo muerto y nadie lo recuerda nunca, decía Remedios. Nuestro padre, quien muriéndose en el hospital Auxilio Mutuo, agarró fuerzas para incorporarse en la cama y botar al cura ése atrevido que vino a su cuarto a administrarle los últimos ritos, lo mandó a las ventas del carajo en plena agonía, ¿te das cuenta? Y nunca sabremos si por convicción o orgullo. (--Por sentimiento de culpa, piensa Isabel).

    Te voy a contar una cosa a ti, Victoria, pero no se lo cuentes a nadie porque no quiero que nadie lo sepa, especialmente mami que nunca quiso a nuestro padre (--y nos mantuvo atados a ese ser que me despreció, piensa Jacobo/ --y yo quiero romperle cada hueso de su flaco cuerpo y construirme una barcaza de sus huesos y lanzarme por un río hasta el mar, piensa Gustavo en su demencia/ --y yo fui la única que lo quise de veras reclama Leonor/ --y a mí me gustaba escucharlo cantar/ --y yo sólo visualizo a mi madre, mi padre es una sombra/ --porque siempre andaba borracho/ jodido/perverso murmura Isabel) Yo no dije nada nunca, Remedios, hasta ahora que la abuela está muerta, después de vivir feliz, rodeada de sus hijos, finalmente sola con todos ustedes por los largos años que duró su viudez. Recuerdo como tú tampoco decías nada cuando escuchabas a los demás pelearse: --Yo estuve con papi mientras moría, decía Jacobo, ustedes habían salido a tomarse un café, yo le cerré los ojos. --¡No señor, quien estaba era yo, decía Leonor, y recuerdo que solita! porque Aurora había salido a comprarle lotería al viejo de abajo. --¡Que no! Yo ya había comprado los billetes de la lotería y ahora que lo pienso nunca los cotejé, nosotras estábamos contigo: Mercedes, María Luisa y yo, decía Aurora. --Murió tranquilo, después de echar al cura aquel del cuarto. --Murió agitado, queriendo decir algo. --Me pidió perdón y yo le dije que nunca jamás, piensa Isabel. La discusión duraba un rato, hasta que se cansaban. Remedios no decía nada, los miraba con sus grandes ojos oscuros. Todos se disputan la despedida final, todos se sienten culpables porque no lo atendieron como ahora atienden a mami, pero fui yo, me dijo Remedios, fui yo quien estaba ahí y escuché el nombre de mi madre nacer de su boca muerta.

Entre tú y yo está la sombra de tu padre, me dijo mi madre, tu padre mi hombre, sin el cual no estarías aquí, claro, pero eso es secundario. El fue vehículo, él medio, él no tiene nada que ver con esto me decía mi madre, abrazándome, pero mis ojos se iban hacia allá, hacia el sillón donde mi padre leía mientras escuchaba a Mozart, pero el calorcito del abrazo, la mirada profunda y hurgadora de mi madre en mis ojos, queriendo entrar y conocerme y arroparme y buenas noches, niña mía, que sueñes con los angelitos y se iba del cuarto y luego se sentaba ella también a leer, pero siempre después de abrazarme, de decirme cosas así como la sombra, ese tercero que nos entorpece algún camino que se me borra cada vez que creo tenerlo, aquí entre nosotras, como una bolita de energía azul que debería ponerse a flotar por esta casa, hasta abarcarla toda y expulsar al hombre del sillón, ese tercero que se interpone y agarra tu mirada así como mi padre me agarraba la mía, suspiraba, antes de las buenas noches, hija mía, tesoro mío y andar a sentarse a leer entre los acordes de Mozart.

Yo me fui de Puerto Rico y nunca volví a vivir allí. Una o dos veces al año venía, una o dos veces llegaba a mi lugar en la tribu, cada vez más disminuida. Me llevaba las memorias y las paseaba por todas mis casas y me quedé yéndome permanentemente, como ahora, era casi una vocación. --Esta niña heredó el alma de Luz Remedios y fue la que empezó con la manía de irse, detrás de ella se fueron los demás, uno a uno, decían entre ellos. --Con la diferencia de que Remedios siempre vivió acá, excepto cuando se fue a España pero eso fue culpa del innombrable y cuando fue a Nueva Orleáns de luna de miel con Eduardo y cuando a Boston a conocer a la madre de Eduardo pero eso fueron visitas.
    --Victoria es una gitana, Victoria, la que cambia de casas como Remedios cambiaba de amantes, Dios mío, qué mosca les picará, qué mosca les habrá picado.

*E*s sábado y empiezan a llegar, es domingo y empiezan a llegar: llegan las tías abuelas, arrastrando su luto feliz, besan a su hermana que sentada en el medio goza de la atracción que ejerce: todos vienen a verla, a colocarse en el lugar exacto de la red invisible que ella ha tejido y donde todos tienen su lugar; llegan las tías, arrastrando a sus maridos infelices y sus hijos felices, la casa se llena de risas y palabras, todos hablan a la vez, todos se sientan a comerse la comida que ha preparado su hija, todos comen y beben y charlan, divertidos, criticones. La abuela en el centro, sus hermanas, sus hijos, sus nietos; ella ignora a los innombrables, esos accidentes naturales, ella trata de ignorar a su hijo borrachón y a su hija borrachona, ella trata de ignorar la homosexualidad del hijo borrachón y la bellaquería de su hija borrachona, ella ha perdonado el lesbianismo de su hija que no es borrachona y la visita dos veces al día, todos los días, sin fallar. Ella sabe perdonar porque ella es santa, ella perdona porque ella entiende las debilidades del género humano, ella busca ver lo bueno en todos sus hijos, ella ha tratado de ver lo bueno en sus yernos porque ella es una santa, lo que pasa es que no ha encontrado nada todavía pero sus ojos casi ciegos seguirán buscando a ver si encuentra algo. Todos comen, dejan los platos sucios sobre la mesa y se van con el cafecito al balcón, ya el hijo borrachón y la hija borrachona andan medio exaltados, dando sus discursos, ya su hija anda diciéndole a sus nietos que no es posible que quieran irse de la isla, ni tan siquiera a estudiar, ya las hermanas hablan de sus maridos muertos, que en paz descansen, dios los tenga en la gloria y el bingo de por la noche, ya su hija comienza a discutir con su hijo borrachón sobre política, ya su hija insulta a un innombrable porque no es de aquí, ya su hija se retira con su innombrable a la cocina para evitar el barullo, ya sus nietos andan escuchando música y soñando con lo que harán cuando salgan de esas casas, esta noche y todas las noches, ya su hijo borrachón se pone impertinente, ya su hija borrachona anda riéndose de las hermanas que empiezan a irse una a una porque están cansadas, dándole las gracias a su hija que ha cocinado la comida e ignorando a su innombrable que por otra parte ya se ha retirado a su cuarto a leer, cerrando la puerta porque es un antisocial, ya su hijo se le arrodilla enfrente pidiéndole perdón, sus ojos casi ciegos miran las lágrimas que caen por el rostro de su hijo pero su boca permanece cerrada, ella escucha a su hija decirle a su hijo deja a mami tranquila, que pase sus últimos años tranquila, ¿no? Ella escucha el pensamiento de su hija favorita cuando piensa mi madre va a durar muchísimo, yo lo sé, ella oye a su hija decirle a su hijo deja a mami, vente para acá, ella oye a su hija decirle vente para mi casa, seguimos bebiendo allá, ella ve la sombra de su hijo irse, llorando, ella permanece seria, con la quijada firme, ella perdona las debilidades humanas, ella escucha a su hija preguntarle si quiere descansar, ver la telenovela, escuchar música, ella siente cómo llega su hija para ver qué ha pasado, ella oye como un innombrable se despide de ella y se lleva a su hija, nos vemos mañana, ella escucha a sus nietas limpiando los restos de la comida de sábado, la comida de domingo, cuando llegan todos a visitarla, a verla, donde ella en el centro se coloca, dueña de la casa, dueña del hogar de su hija que le cocina a todos, dueña de la vida de sus hijos perdonados porque ella entiende las debilidades del género humano, dueña del espacio que se expande y contrae por su voluntad y su presencia, ella la madre, ella la hermana, ella la abuela, y ella la tía abuela, nunca la esposa y nunca la suegra, ella el pilar de una casa que continúa habitando las casas de cada uno de sus hijos, que busca extenderse y arropar la casa de cada uno de sus nietos, ella la casa, la única casa, ella la razón de esos sábados y esos domingos, ella, dueña y señora de la gran familia que a pesar de todo se construye siempre alrededor del pilar que es ella, madre perfecta, madre abnegada, la santa madre.

*Y*a llegan, vienen llegando, se reúnen, se saludan, se abrazan: los olvidados, los mirados sin ser vistos, los criados casi automáticamente porque esta familia no abandona a nadie: los hijos, los sobrinos, los nietos, los hermanos, los primos. Ya llegan, mirando de reojo a los padres, las madres, los tíos y las tías, la abuela y las tías abuelas, la trastera que a ellos les tocará fregar después de que todos coman y beban, discutan y critiquen, lloren y se rían, se insulten y se perdonen, siempre se perdonarán con tal que quede todo en familia, son los grandes tolerantes mientras se quede en familia, qué importa que la tía sea alcohólica, el tío homosexual, la tía lesbiana, la hija loca, el hijo cleptómano, la hija comunista, el hijo fascista, el tío pervertidor de menores, la tía budista, el hijo esquizofrénico, la hija mitómana, la hija suicida, la...

Ya llegan, vienen llegando, se saludan, se abrazan, se saludan, se han reconocido en el lugar que ocupan, el peldaño que les toca, su función de testigos en una tribu de cómplices: hijos, sobrinos, nietos, primos, testigos, siempre testigos, su-función-en-la-vida-testigos de momentos sublimes, de caídas grotescas, testigos siempre testigos, testigos de las borracheras, los insultos, las pasiones, las perversidades, los amantes, las amantes, los poemas, las pinturas, las músicas, los jardines; los testigos necesitados, cuidados, criados, bendecidos, queridos, adorados, manipulados; los testigos de los cuentos y las anécdotas de una isla que se muere, desvanecida en el horizonte de las palabras/red para retenernos aquí frente a ellos, testigos de sus demencias y sus locuras, público añorado, cuidado, protegido, querido, audiencia que mira y aplaude y entiende y reconoce a los seres en sus luchas con el no ser, arrepentidos o gloriosos, sublimes o patéticos, no importa cómo, sólo importa que ustedes son los testigos, nosotros los testigos, nosotros el público de las generaciones que se van muriendo, del puertorico que se va enterrando, de la familia de grandes incrédulos, absorbida en la red múltiple y única, magníficos en su incapacidad...

Hay que irse hay que irse hay que irse hay que irse de esta isla bendita, hay que volver hay que volver hay que volver a esta isla maldita.

Mi madre se casó con un colombiano, un colombiano, yo odiaba a mi padre, me abrazaba a mi madre y ella no podía ayudarme, no podía quererme como yo quería que me quisiera, me voy. Mi madre se casó con un gringo, un gringo, aquí a los gringos de lejitos, yo abrazo a mi madre y me voy.

Ay cómo nos duelen los costados de donde nos arrancaron una costilla para lanzarnos a la cara, ustedes hijos de extranjeros, que se van.

Ay cómo nos vamos, cojeando, agarrándonos los costados, felices y sonrientes porque hay que irse hay que irse hay que irse de esta isla bendita. Ay cómo regresamos, sobándonos los costados, felices y sonrientes porque hay que volver hay que volver hay que volver a esta isla maldita.

Ay cómo no nos quieren allá donde hablan español porque Puerto Rico no ha sufrido lo que ellos han sufrido. Ay cómo no nos quieren allá donde hablan inglés porque somos demasiados y pobres y aprovechados. Ay cómo nos queremos nosotros, eñangotaos, en el revolú, por la talde, en enaguas, estoqueaos, jangueando.

Nos vamos. Yo me voy para Colombia, yo para España, yo para México, yo para Canadá, yo para yanquilandia, yo para allá afuera, yo...

Yo no me quedo aquí, no puedo. Veo el mar y siento las campanadas del horizonte en cada sien. No me reconozco en estas calles, estas casas y estas personas que me exigen un amor a una isla que yo desconozco.

¿Por qué la desconozco, por qué se interpone esta familia que me rodeó toda mi vida en esta isla que desconozco?

Yo quiero irme pero no sé.
Yo quiero irme pero he de volver.
Yo.
Victoria, Pablo, Teresa, Josefina, Eduardo, Aurorita, Ignacio, Gustavo, Mercedita.

Yo odio a mi padre colombiano, duro, controlador, férreo, absurdo que me jodió la vida porque no era lo que él quería y no sabía cómo quererme pero me casaré con un colombiano y me iré a Colombia.

Yo voy a ser feliz. Mi homosexualidad no va a ser el charco de angustia enmierdado por los oscuros manierismos de la intolerancia cultural y la hipocresía familiar. Pintaré y viviré a plenitud. Me iré y punto. No me sigan. No me acusen de abandonar esta isla a la cual pertenezco, la que me dio los colores necesarios para pintarme en otros lados donde mi niñez no sea la vivencia déspota de una inmediatez ahogante. Me llevo los azules y los verdes de mi Caribe, le añado los rojos de mis lágrimas, lo transformo todo en un nuevo lugar donde pueda recogerme, pensarme de nuevo, ser lo que siempre quise ser. No me sigan. Quiero sacudirme las guirnaldas, rechazo mi condición de testigo fantasmal. Voy a entregarle algo al mundo, aunque sea una galería de espejos. No como

Javier que sucumbió ni Jacobo que sucumbió, ambos siguiendo a don Eustaquio o Hermenegildo o Epifanio o como se llamen.

Yo me voy a Europa a convertirme en un fantasma más en ese continente de fantasmas soberbios.

Yo me quedo aquí porque la lucha continúa, por favor traten de regresar porque cómo voy a seguir yo solita los vaivenes de esta familia, grabar sobre mi cuerpo tanta cicatriz.

Yo me voy a yanquilandia, siempre pensando en regresar pero no pasará nunca, me quedaré hablando inglés, tomando aviones, recogiendo papelitos, primero con arrogancia, después con humildad, hasta con agradecimiento.

Yo me quedo acá casada conmigo misma.

Yo me encuentro con un chileno y me quedo en París, yo me caso con un colombiano y me quedo en Colombia, yo me quedo en gringolandia y me caso con un gringo, yo no me caso porque soy un homosexual feliz, yo me caso con una canadiense y me voy al Canadá, yo me voy a México a buscar un lugar, yo no me caso pero tengo un hijo puertorro y aquí me quedo, yo soy feliz, yo no soy feliz, yo no pienso en eso, yo no sé lo que soy, pero no importa porque hay que salir hay que salir hay que salir de aquí, hay que volver hay que volver hay que volver aquí.

Nosotros, los de las grandes preguntas. La edad de arrepentimiento de Remedios, ¿no sería presagio de lo que nos tocaría a nosotros, sobrinos, hijos, primos, nietos? ¿Será así como se bate el cobre? ¿Cómo se va transformando el mundo en lentas espirales de tiempos creados?

¿Primero pensamiento y luego vida, inmediatez, manera de ser, historia? ¿Una duda ajena la medida de nuestra existencia?

No nos arrepentimos, nos fuimos. Cada dirección un testimonio con su origen común, cada brazo atado a una fina memoria que luego sería deformada por el tiempo. Ignacio, Aurorita y Gustavo; Teresa, yo y Pablo; Josefina y Eduardo; la única que se quedó fue Mercedita.

No nos arrepentimos, nos fuimos. Cada dirección un testimonio con su origen común, cada brazo atado a una fina memoria que luego sería deformada por el tiempo. Yo me llevé las conversaciones con Remedios, sabiendo que no las podría olvidar. Sus palabras, claras y sabias, eran el bálsamo que me llevaba para poder irme, para empezar el lento peregrinaje de mi generación, en este continuo ir y venir, familia puente, isla umbral, borradura sobre la arena, comienzo de nada en particular, acaso de la galería de Ignacio que me llega en sueños. Mi querido Ignacio, el primero del lado de acá en morir, mi querido primo Ignacio, ayúdame a entender, a empezar por aquellas tardes en que Remedios me hablaba, acaso colocando entre uno de tus lienzos una tarde de palabras, de luces y sombras. El dolor de tu muerte temprana hace eco con la muerte temprana de nuestra tía, la simetría me asusta pero entre tus cuadros que cuelgan en mis paredes se escriben también las anécdotas de Remedios, como si tú y ella rodearan mis silencios, filtraran mis recuerdos, los recuerdos que escribí y que me llegan entre los colores de trópico que tú te llevaste para acordárnoslos siempre. Empiezo a leer sus palabras, mis palabras, bajo los cuadros tuyos, tus cuadros cuentos, tus cuadros que son casi lo opuesto a los cuentos de Remedios: ella explicaba ahí donde tú indagabas, partiendo de cero ambos pero muy diferentes. Ay, Ignacio, dime algo.

𝒞uando yo me estaba muriendo yo tuve que perdonar a mi padre, tuve que irme dentro, muy dentro, allá por los lugares donde los primeros colores brillantes empezaban a formarse, los que vendrían a poblar mis lienzos si es que me sanara, tuve que ver y ser visto por las múltiples sombras que empezaban a rodearme, primero sombras de muertos como la del tío Javier, con el cual siempre me colocaban (--este Ignacio heredó el talento del primo Javier, continúan las tendencias de generación en generación), luego sombras de seres desconocidos, de otros ámbitos que no son la muerte y que sabían mis nombres, transformándose en sombras de luz, de colores, pinceles que irían trazando mis perdones, marcando mis nuevos lienzos que quiero pintar, que es necesario pintar ahora que he ido hacia atrás para perdonarme y perdonar. Padre, madre, hermanos, tíos, tías, primos, vida de aciertos y engaños, vida maravillosa que hemos de barajar, traducir, explicar, plasmar, ver desde los seres luminosos que me van arrojando su luz mientras me llevan de la mano por galerías anchas y prístinas donde veo mi obra, lo que pinté que me anuncia desde ahora para siempre, en muerte o en vida si es que vivo, la que pintaré si se me es dado plasmar estos colores de luz que me acompañan por el tránsito de perdones en que se ha convertido mi cuerpo. Victoria, no te olvides de nosotros, no te olvides de ti misma; yo no soy ellos, estoy más cerca a ti, prima, recuérdalos, ponlos en su lugar para redescubrir el tuyo y luego vacíalo, no te olvides de vaciarlo. Que queden colgando a tu alrededor como cuadros en una galería, cuadros frente a los cuales vamos pasando para luego salir a recibir el sol, las lluvias, las hojas, besos de colores de la vida que hay que expresar, que es necesario decir para que veamos, sepamos, nos conozcamos en esta realidad frágil que nos invita a dejarla, que nos obliga a dejarla; Victoria, haz tu galería de reconocimientos y perdones y sal a la luz del día, escucha mis palabras que se cuelan por tus memorias, escucha a tu primo Ignacio, el primero de tu generación que se muere; un artista de la muerte, de la imagen de la muerte, no de las palabras; el iniciador del camino final de los de nuestra generación, así como Remedios lo fue de la suya. Ustedes verán, no escucharán, verán lo que se irá abriendo en esta vida y yo de alguna manera estaré allí, en una nueva complicidad más allá de la biología. Escucha los cuentos de la tía, luego vacíate de palabras y ven a mirarte, a mirarnos.

Hacía más de veinte años que Remedios lo veía sólo en sueños. Se le aparecía, mirándola serio, pensando: Tú nunca me quisiste, me usaste, tú, mujer distante e incomprensible, me llamabas y yo siempre acudía como perro fiel, pero no te entendía, sólo entendía que tú nunca me quisiste, ni tan siquiera un poquito, envuelta en ti misma andabas, egoísta, ni tan siquiera te me quisiste explicar, y debajo de nuestras conversaciones, andanzas, besos y tocadas furtivas (dónde yo siempre buscaba darte placer, no tú) estaban los muros y los ladrillos y los cimientos tuyos, no míos. Tantos años que nos conocimos, siempre viéndonos esporádicamente, al margen de nuestras vidas particulares y siempre me preguntaba y me sigo preguntando, ingrata, ¿torcí yo tu vida como torciste tú la mía? ¿Te hice doblar una esquina específica? ¿Te hice abandonar a algún novio, hacer un viraje en particular como tú tantas veces me lo hiciste a mí? Me da la impresión de que no y no te lo perdono. Por eso vengo de vez en cuando, esporádicamente, a tus sueños. Yo dejé a muchas mujeres por ti, tú cambiaste el rumbo de mi vida pero ¿y yo? ¿Qué hice yo en la tuya? Ahora estoy con mi esposa, claro, estoy donde estoy, donde tengo que estar, claro, y yo sé que te han llegado noticias mías a través de los años pero ¿qué hubiese pasado si no hubieses llegado a mi vida para quedarte viniendo por tanto tiempo? Tú, llamándome una vez al año, cuando necesitabas la visita, egoísta, sin importarte los estragos que ocasionabas en mis relaciones, dejándome pendiente, siempre pendiente, al margen, siempre al margen. Eso era lo que ella sentía que él le decía en sus sueños, pues él nunca le hablaba, su aparición era un silencio, produciéndole la sensación incómoda de estar perdida en un laberinto, rodeada de gente que cuchicheaba entre sí al verla pasar y ella despertaba con un malestar raro, con un raro malestar amargo en la boca y se preguntaba ¿por qué soñé con él? Precisamente hoy, después de tanto tiempo, ¿por qué soñé con él?

Primera posibilidad: en algún lugar, él está hablando de mí o pensando en mí y yo lo capté. Segunda posibilidad: me siento culpable por cosas de las que vine a darme cuenta tarde. A mí no me importaba su vida personal para nada; lo llamaba cuando me daba la urgencia, sobre todo me fascinaba su sensatez, su tranquila manera de entender el mundo, su compromiso político tan lejos de los fanatismos de otros. Lo llamaba cuando necesitaba de esa tranquilidad y me iba cuando me cansaba de la monotonía, de su callada manera de entender el mundo, de su compromiso político tan claro y llano, yo que siempre andaba pensando en irme, así como tú, Victoria, pero que nunca me fui, excepto que con él era como si me fuera de viaje y regresara, como si me fuera a un país conocido y regresara al desconocido que tendría que empezar a reconocer antes de volver a irme, y así sucesivamente. Sé que de alguna manera yo sabía todo lo que él viene a decirme ahora en sueños, por algo es mi sueño ¿no? Los recuerdos también son precisiones a posteriori, cada evento encierra la clave que el recuerdo va a descifrar; yo sabía pero en aquel entonces no podía hacer nada, yo andaba mirándome en mis pendientes, colgando de un dedito, mija, mientras me observaba, preguntándome esporádicamente ¿qué más puede construirnos esta vida? Posibilidad tercera: me hace falta, simple y sencillamente, él o lo que él representaba, diálogos al atardecer frente al mar, fidelidad a las propias creencias, volver a estar con alguien que te mira desde lejos, sin saber quién eres, de dónde vienes o hacia dónde vas, ni pensar que te conoce tampoco, sólo un amorcito de sueños, un amor de posibilidades muertas, una puerta entreabierta por dónde se cuelan los acordes de un piano distante y hermoso.

Esas eran las posibilidades que venían con él, encabezando el cortejo invisible que invadía sus sueños. Sí, porque detrás de él siempre venían otros, los recuerdos se hilaban al sueño-recuerdo y él era el líder de una caravana de rostros de hombres que Remedios casi no podía distinguir, que sólo aparecían después de despertarse medio perpleja, preguntándose por qué había soñado, una vez más, con él, y que comenzaron a salir ahora, hace un rato, cuando me contaba ese sueño recurrente; rostros ocultos en la memoria, él a la cabeza de una amalgama de ojos, manos, pies, cuerpos de otros que había olvidado o de los que sólo recordaba trazos: unos ojos azules mexicanos que nunca le perdonaron su arrogancia, unos ojos negros que nunca comprendieron las líneas que ella escribió detrás de la fotografía que él le pidió, uno al que le decían Rafi, que nunca entendió el vértigo que le producía amar de pie, y así sucesivamente, el roce de un pie, un sexo perfecto, unas espaldas maravillosas que desde el principio contenían el adiós que luego le dio antes de perderse en el aeropuerto rumbo a Nueva York, ése se llamaba Robert, era bello y hermoso y tierno; uno con una voz de caverna que guiaba un coche viejo rojo, el poema de amor que una mano le entregó un día en la plaza de la universidad, el flautista de expresión triste que se resignó a quererla, uno con quien estuvo cuando ella vestía de púrpura, unos movimientos casi de desesperación al lado de un río estruendoso, un flaco de voz dulce que parecía estar siempre a punto de llorar, uno que tenía nombre de indio norteamericano y que besaba pésimo, uno del cual sólo recuerda el número diecinueve, otro, guapísimo, quien me encontré años después en un viaje a Nueva Orleáns y me quedé horrorizada al ver lo feo que estaba, (y me alegré de haberme acostado con una perfección sin posibilidad de permanencia en este mundo), Johnny, con él nos prometimos volver a vernos a los ochenta y dos años, y mira cómo no voy a cumplir mi parte de la promesa, y así sucesivamente, caravana de recuerdos por mi mente han pasado. Entonces Remedios se pasaba todo el día en un estado de perplejidad, preguntándose por qué había soñado con él después de tanto tiempo y por qué él era el líder de esa caravana. Barajaba las hipótesis y las posibilidades, sentía los ecos del cortejo de hombres que pugnaban por salir, separarse y clamar sus sueños individuales, sus lugares propios, y ella les pedía disculpas, al 19, a la voz de caverna, al flautista, al bello, a todos les decía ya me ocuparé de pensarlos, denme tiempo, se me está acabando y ustedes son muchos, y así seguía hasta que olvidaba el sueño, hasta la próxima vez que volvería a verlo serio y silencioso, pensando lo que ella sabía estaría pensando: ella tan distante, tan fría, tan manipuladora, tan hipotética posibilidad propia, la que era capaz de moldearse a un anhelo (decía el cortejo detrás de él), anhelo que siempre se frustraba (contestaba su memoria fragmentada) porque el moldeamiento la alejaba como en un vértigo de adioses y despedidas hasta la próxima, porque no sabía qué hacer con sus presencias reales, carne, huesos, sexo reclamador, y es mejor irme y volver, quedarme en las imágenes mutuas, porque era más fácil esto, el sueño anual, el eco por las escaleras del alma, incorporándose a la caravana nocturna, la triste caravana de recuerdos que deambulaba, cantando mudas canciones invisibles bajo ventanas cerradas.

No hables a menos que tengas algo que decir, me decía mi madre que le decía su madre que le susurraba su madre. Calla. Y yo fui mudez aunque no silencio; el silencio es una acumulación de ausencias, la mudez es la necesidad de experiencias; el silencio está lleno, cerrado sobre sí mismo, la mudez es la apertura al mundo, la espera de la vida que traerá las ausencias que traerán los silencios, como éstos que te hablo ahora, desde hace tantos días, antes del silencio total, antes de que enmudezca para siempre.

Fue con Marcos cuando terminó la época de la mudez y empecé a acumular las ausencias, la primera gran ausencia, el primer gran amor. (Heriberto fue mi escapada de la familia, mi necesidad de aire, mi España, mi espejo. Heriberto se escribe en una notita feliz y se mete en el sobre de las relaciones completadas. Heriberto es una sonrisa, la mía. Marcos fue mi gran amor. Con un gran amor la ilusión se desplaza hacia un después que para muchos nunca llega, no hay más que ver a mi pobre hermana María Luisa. Sólo después de que somos ese amor viene lo ilusorio de la experiencia del amor. Madre mía, ¡cuán radicalmente humana pero ilusoria es la experiencia de un gran amor! ¡Cuán hilada va a cierta necesidad de sufrir! ¡Cómo se define por la necesidad imperiosa de distanciarte de ti misma pero *de otra manera*! Es una experiencia de centro y es terrible porque no existe tal cosa, no es sino vano intento de atraerte hacia la idea de un centro que no es sino un lento naufragio, dulce y voraz. Te rodeas, te atrapas, te miras erguirte sobre tu cuerpo ensangrentado, cuchillo en mano. Un ojo te sacrifica al otro, el placer y el dolor se cruzan sobre tu cuerpo bizco.

Sabes, como cuando tomas un libro, lo sostienes en tus manos, dejas correr el pulgar rápidamente y ¡trás! lo cierras con un golpe seco: entre las tapas está el torrente de palabras escritas y está el ruido que detiene el torrente y está tu decisión de agarrar el libro y abrirlo y meterte de lleno en la corriente o de no hacerlo, de dejarlo para después ¿no? Pero, ¿qué pasa con las gotas que se esparcen, que a veces salen volando cuando cierras el libro, que hasta podrían andar goteando por ahí, mojando los pisos y las manos que quieren optar por la corriente u optar por el desierto de un libro cerrado? Porque andamos así, cerrando y abriendo, manoseando y decidiendo, pero también a golpe de goteo, salpicándonos en el proceso, salpicando a los demás y de repente alguien te mira, reconociendo esa gota fría que te ha salido del libro después de cerrarlo de golpe, gota que reconoce a gota, que necesita de gota, que invade y se mezcla y se hace charco, un nuevo charco, otro charco. Esa confusión de golpes de desierto y gotas que se escurren fue precisamente lo que me pasó con Marcos. Una gota suya me salpicó la mejilla una noche oscura en el viejo San Juan y me detuve a mirarlo, a secarme el rostro para dejarlo seco como el lomo de un libro y mientras miraba la gota reflejando la luz del farol sucio de la esquina sucia quedé envuelta en su cuento y ¿sabes por qué? Porque esa gota, ese trasunto colado del libro (guardador de discurso torrente, de vida) de ese su día me llegó a mí, me llamó a mí, a mí, Luz Remedios Dávila Aponte, y yo, absorta y muda (no hables, no hables, no hables) me dejé llamar.

 Lo demás tú lo sabes, todos de alguna manera vivieron los efectos de lo que yo estaba viviendo: la maravillosa infelicidad que se siente cuando el amor de todos tus hombres nace en un único hombre, cuando de pronto la gota es aguacero que te inunda, invocándote en el amor que te devora el cuerpo, haciéndote entrega de tu cuerpo hecho una sopa. Ay, mija, casi todo lo que pensaba o hacía era él o más bien yo ante él, el misterio que era yo para mí cuando pasaba por él. Fue un hombre muy poderoso y ahora te lo cuento tranquilamente, desde la distancia de no tenerlo aquí conmigo, con la tranquilidad de haberlo dejado hace ya mucho tiempo, desde la distancia que me da el saber que yo viví mi cuerpo y sus misterios por medio de él y su amor atormentado y sólido que me lanzaba como dardos de lirios, clavándome en la cama con mil espadas fragantes y ¿sabes lo que te digo? Vale mierda. Vale todo. Ay mija, qué manera de amar, qué tragedia de amar (mira a María Luisa, la ciega visionaria del amor aunque lo trágico en su caso es que nadie la ha amado como ella ha amado). Esa fijación suprema con otra persona, ese ser un intermedio controlado por la misma fuerza que te enfrenta al mundo, esa infelicidad de la pasión que te hace producir bellas poesías de otoño, que te hace capaz de echarte el mundo en contra, la familia en contra, capaz de lanzarte por un balcón o pasarte años llorando hasta que descubres que lo que vives tan intensamente, lo que casi te mata de intensidad, lo que te hace escribirte en un cuerpo que ya no sientes como muchos cuerpos (lo normal) sino como un único cuerpo habitado, eso nada tiene que ver contigo y a lo mejor nada con él tampoco; que eso que crees que eres, esa burbuja repleta de amor que te abraza el seso y te llena el cuerpo con torrentes de relámpagos de agua-lágrimas/agua-felicidad, es sólo una de las banderitas que vas sacándote de tus torres para alzarla lentamente mientras todas tus tús permanecen boquiabiertas, preguntándose ¿cómo es posible que esté haciendo esto? ¿cómo es posible que me encuentre sintiendo estas cosas? ¿cómo es posible que permita lo que estoy permitiendo, que acepte estos lazos que me estrangulan dulcemente, dejándome tendida y mojada sobre la arena? Sí, así mismo es: todas tus tús se maravillan ante el nuevo ondear de esa sábana abierta al sol, se entretienen leyéndose en el vértigo, hablándose en el vértigo pero atrapadas, pues. Eso te lo digo ahora: tú, al igual que la familia, sólo veías lo que representaba esa experiencia, ustedes veían a una mujer antes libre e independiente aislarse de sus amigos y familia, seguir a un hombre básicamente perdido, seguirlo sin más ni más, pero mis tús, embelesadas, me miraban alzar la bandera nueva que había cosido yo misma, ves, que había comenzado a levantar lentamente por el mástil (esto suena un poco fálico, ¿no?, dijo Remedios a carcajadas) yo, juntita a todas ellas frente a todos mis hombres en uno, descubriéndome.

¿Ves lo que pasa, lo que puede pasar? ¿Entiendes a María Luisa, la que nunca podrá escaparse de los grandes amores? Las gotas, esas gotas me invadieron las calles, me llovieron de los tejados, llegaron a mí con él, claro, su amor me transformó al mundo y no importa si para bien o mal. La familia me miraba sin comprender cómo andaba con él: que ella estaba obnubilada (palabras de Jacobo que Remedios interpretó como envidia), que ella estaba en retroceso (palabras de Mercedes que había decidido que si le daba la gana mandaría al carajo a Rafael, en parte porque había admirado la fuerza de Luz Remedios, su capacidad de pasarse las convenciones sociales y familiares por donde no le daba el sol), qué le pasa a Luz Remedios, la luminiscencia, bujía Remedios que ahora parecía acallada, aminorada, siguiendo los tumbos inciertos de ese innombrable (pensamientos de María Luisa, quien por milésima vez, pero no por última, había proclamado la libertad de joderse sola, sin nadie al lado, en parte por las grandes conversaciones con Remedios). Pero la familia más que nada guardando silencio frente a ella, por dos o tres años *(fueron dos años y dos meses recuerda Aurorita)* guardando silencio, esperando. Ese silencio de ellos sirvió de abono para la primera gran ausencia, dijo Remedios, mi certeza, recóndita, tejida a la banderita que iba levantando por el mástil (qué manía con el mástil, se reía) de que costara lo que costara, habría que dejarlo, a pesar de mí misma, a pesar de que sentía que sin él me moriría, a pesar de que no podía dejarlo y de que cada vez que nos dejábamos, nos buscábamos y seguíamos un poco más, un poco más. Así estuvimos no recuerdo cuánto tiempo, sólo sé que con él me sentía tan humanamente infeliz que quería quedarme un poquito más, supongo, metida en esa pasión. Quería sentir el amor que te duele, ese dolor que se abre para incluir a tantos otros, como el de los celos (primera y última vez que sentí celos, me dijo Remedios, si hay un sentimiento que hay que aplastar es ése, erradicarlo por completo de nuestra condición humana), pero más que nada era el dolor de vivir su dolor. Yo no podía ser mi dolor, mi vida, sin sentir la suya, sin padecer sus dolores; no podía dar mis tumbos, entrar a mis callejones oscuros sin entrar a la vez en los suyos; no podía ser yo sin ser él; estaba perdida, mirándome perderme, hilando la despedida tenuemente y a pesar de mí misma, maravillándome de que esto fuera un gran amor, de que de esto se tratara, ¿esto era sentirse viva? ¿amada? ¿amar? ¿esto era el amor?

--La tía Remedios primero se fue con el primer innombrable a España cuando tenía veinte años, regresó a los veintiuno, después estuvo con unos once, decía Aurorita, quien siempre llevaría el contaje de novios, amantes y pretendientes de todos los familiares, y después fue cuando se juntó con el Marcos, que pronto vendría a ser el segundo innombrable, cuando se mudó al viejo San Juan y vivió en cinco calles diferentes.

Casi no te vimos, Remedios, y cuando te veíamos de vez en cuando, con o sin Marcos, siempre estabas alegre pero distante, grandes silencios parecían comerse tus palabras y tu mirada se nos perdía. Nosotros te rodeábamos, te queríamos visitar, eras nuestra tía favorita y éramos jóvenes, pero tú nos evadías, vengo la semana próxima decías y te ibas. Te esperábamos en la casa de la abuela, oyendo los cuentos eternos de ella, esperando verte llegar, hasta que llegabas alegre y te ibas silenciosa, como si se abriera una bolsa, salieras de ella y volvieras a meterte en ella cuando era hora de volver a la casa, donde seguro te esperaría Marcos, cuestionándote la tardanza.

*E*ntonces terminó la época de la mudez, tantas veces confundida con indiferencia, y Remedios se puso a hablar. Las palabras habían circulado en la oscuridad de las venas, perdiéndose y buscando un tajo para salir (el verdadero tajo, no el de los puñeteros médicos). Y como las heridas estaban ahí, por así decirlo, empezó a hablar (como ahora que sigo hablando) empezó a buscarse en esa vida que se llamaba Marcos que se llamaba Remedios. Ella siguió buscándose en los túneles de palabras que pugnaban por salir, las necesitaba para poder dejarlo, porque había que dejarlo y ella lo sabía; a éste había que dejarlo y dejarlo se vivía en otros términos porque ahora sí que no sería nada fácil; el tormento era real, éste era un verdadero amor de tormento y pasión, de cuchillitos de agonía porque cómo sufrí, me decía riéndose; lloraba a diario, me moría entre las ganas de verlo, las ganas de que me dejara y las ganas de olvidar. Hasta que llegó el momento en que Remedios se encontró frente a una ventana que daba al mar, sintiendo que se iba lejos y que no volvía, que se iba flotando por las aguas azules sin mojarla y que nadie flotaba a su alrededor, ni una familia ni un hombre ni nadie. Hacía mucho tiempo que no se veía sola y en esos momentos supo que empezaba a recuperarse de la enfermedad del amor y que estaría siempre como se sentía en esos momentos: emprendiendo un viaje solitario y eterno que la tendría toda la vida haciendo su equipaje, viviendo en la isla en perenne peregrinación detenida, cara al mar. Entre aplausos y lágrimas fueron abriéndose las cavernas tenebrosas (necesitadas) de la ausencia y Remedios empezó a reconocer las insinuadas ausencias anteriores que ella no había querido ver y que ahora se hacían coágulo de ausencia, representación de ausencia; su nacimiento y su familia, sus hombres pasados y futuros, sus sueños y viajes frustrados, todos como arquitectos enfurecidos empezaron a hollarme las entrañas, creando espacios vacíos para que se fueran llenando de murmullos ausentes y pasos ausentes y rostros ausentes y lágrimas ausentes. Entonces, llena de ausencias, repleta de ausencias, con el amor que regresa para llenarse frente al vértigo que desconocía, volvió a sí misma y se encontró cantando una canción que decía soy maroma especial/ entregada a su ausencia de luz/ triángulo salpicado de verano/ que hacía tiempo había inventado y olvidado. Al recordarse en el canto y encontrarse en la ventana frente al mar, se le desbordó el amor por el alma, por así decirlo, y supo que finalmente podía dejarlo, ahora sí, ahora podría recoger el líquido del amor en una jarra transparente para verterla sobre el corazón hambriento de vida, hambriento de ausencias.

*S*abes Victoria, siempre pensé que al estarme muriendo sentiría su presencia a mi lado, por el amor que le tuve, porque siempre sentí que a pesar de los pesares existíamos ahí, apartados del mundo cotidiano, atados a pesar nuestro pero no, no lo he sentido llegar a invadirme el alma, sólo recuerdo esto que te cuento: años de pasión y tormento quedan traducidos a cosas como mástiles y embelesamientos y palabras que se escapan de las tapas de libros sólo para buscar erguirse entre la lluvia y volver a cerrar las tapas, con un golpe seco, de una vez y para siempre, a la espera de un título: *La saga amorosa de Remedios y Marcos*, libro sellado por una memoria que ahora vomita palabras que tú escuchas y que contarás a tu manera, si es que un día lo cuentas. No me arrepiento de la saga, ni de haber abierto el libro, tal vez me arrepiento de no haberlo cerrado antes, en todo caso ya tú sabes, mi espíritu pisoteado, humillado por el amor de él (en esto era hombre típico, ni modo) se regodeaba en los espacios que se abrían como cavernas de ausencias y gocé viviéndolos hasta empezar a hablar, hasta que veinte años más tarde, febril la mirada errante en la sombra nada busca pero sigue nombrando. Mi madre me agarró y me dijo no hables tanto que te van a decir chismosa, que le dijo su madre: entre un cuento y un chisme sólo hay cuatro etapas, que le dijo su madre: entre un chisme y una quimera sólo hay siete etapas, representadas por el siete de bastos, cuidado, no hables tanto pero no les hice caso, a ninguna. El archivo interior se abría, el desorden era impresionante pero hablé y recordé a mis madres que me decían no hables tanto, del cuento al chisme a la quimera y me sentía mal, realmente mal pero me acordé cuando muda y dije la mudez fue el comienzo, por la mudez se comienza y a ella no se regresa sino después y ya para entonces será un silencio mío, completamente mío, que no es lo mismo. Entonces Remedios supo, de sopetón, que había llegado, sin sorpresas, a la puerta que había estado allí desde hacía mucho tiempo, insinuándose entre sus pensamientos, invisible a ratos, deslumbrante otros. Entonces supo, sabía, que la mente se callaría, que había que dejarla que se agotara sola, se autoconsumiera a sí misma mientras ella la contemplaría, se contemplaría morir, vivir, ser, pero esta vez como otra.

Ella era joven y no sabía: que tres poemarios de hojas sueltas, cuatro coincidencias estremecedoras 1) pensé quiero que alguien cruce la calle y la cruzó 2) pensaste en fumar y ahí, entre las páginas de tu libro, un cigarrillo espachurrado 3) los pelos se le pararon cuando vio el perfil y los rizos negros rozándole los hombros 4) se miraron, me miró y fueron las gotas como el agua de un río, y unas ganas locas de ser humana se colaron, inundándolo todo, llevándoselos, dejándose llevar y pasar años carreteando con él, ambos ansiosos, desordenados, amorosos; él déspota, sobre todo déspota...

Ella era joven y sabía.

¿Qué fue lo que me diste, aparte del dolor de ser humana y el habla que produce el dolor? Te di vida, pura vida, purísima vida, fuerza de vida, hambre de hombre de vida, eso fue lo que te di. Te bajé de tu sillón de escarchas y te mostré el sudor detrás de las luces. Te amé tanto que nunca lo comprenderás, y fue mi cuerpo el que te amó, fue mi sexo el que te reclamó y por quien yo amé, mi hermoso sexo reclamador, mi querido sexo que se yergue para adorarte y escribir tu nombre en mi alma, el sexo que acariciaba mientras pensaba en ti, mientras pensaba en bajarte de tu silla y revolcarme contigo donde fuera, como fuera, abiertos a la fuerza de vida que traigo entre mis manos para ti. ¿Qué fue lo que me hizo permanecer a tu lado, a pesar del dolor de ser humana y el habla que produce el dolor? El hecho de que nunca tuviste eso, Remedios, tú y tus relaciones poderosas desde ti misma pero nadie desde afuera, yo te ofrecí mi fuerza y tú la rechazaste, te ofrecí ser guía y tú me resististe, se te formó un sancocho interior, Remedios, se me formó un sancocho interior Marcos, sentir tus brazos rodeándome era lo más hermoso que había sentido, esa unidad sólida que emanaba en tu abrazo, ese poder de tu cuerpo amante me atrapaba una y otra vez. ¿Qué fue lo que me hizo sufrir tanto, el dolor de ser humana y el habla que produce el dolor? Sufriste porque nunca sucumbiste a mi poder, porque nunca pudiste entregarte totalmente, porque no eres ni serás nunca una creyente en nada, porque yo tenía un cuerpo para darte y nunca lo aceptaste del todo. Sufrí porque supe del dolor tuyo detrás de tu cuerpo, sufrí porque entender algo no es consuelo nunca, sufrí porque el destiempo es también desalma y descuerpo y desmente y desespero, sufrí porque te quise sabiendo que no era posible que yo te quisiera. ¿Por qué nunca me quisiste, Remedios, cómo yo quería que me quisieras? Detrás de tus ojos fuertes y tus gestos fuertes y tu cuerpo fuerte había lanzas de niño desesperado, de toro herido, lanzas que nunca esperaban respuesta. Te quise con llanto, te quise con lágrimas, te quise con temblor, te quise con angustia. ¿Por qué me dejaste, Remedios, herido de muerte, buscándote por el mundo, riéndome fuerte pero con las lanzas invertidas, hacia dentro, hacia mi alma, mi sexo que acariciaba pensándote conmigo? Porque es necesario invertir las lanzas, Marcos, porque adentro llegas al afuera, Remedios, porque es preciso asesinarse uno mismo, Marcos, porque necesitamos rompernos las costuras, Marcos, tragarnos nuestro propio vómito, Remedios, mientras caminamos por nuestras vidas tranquilamente, Remedios y Marcos, muy pocos notarán esos viajes que destapan ollas de grillos y excremento, alumbrando barcos extraviados con luces de bengala, enamorándose otra vez sin que nadie sepa que debajo de la piel los acróbatas paralizados te recuerdan, Remedios, te mandan un abrazo oloroso a mares, Marcos, un saludo de despedida de la vida, de pura vida encontrada, de vida que anula vida, de vida que consume vida, embudo de vida que atraviesa la garganta para llevar cada grito hacia adentro, hacia el infinito imposible del cuerpo.

--*L*a transición del primer innombrable al segundo era predecible, decía Jacobo, el primero se la llevó para que ella pudiera salir de la tiranía de una casa que se andaba medio desarticulando, con la demencia de Gustavo que llegó loco de la guerra y las borracheras de nuestro padre, dice Jacobo borracho, la pobre Remedios estaba que no podía más. --Qué bueno que papi se murió cuando se murió, piensa Isabel, hijo de la gran puta, abusador.

--Qué bueno es el estado de viudez, suspira la abuela, gozando de todos los hijos que la rodean, solícitos, de todos los nietos obligados por los hijos a que la visiten lo más posible, que crucen la calle y vengan a rodearla para que ella cuente sus cuentos de allá del campo, antes de los ciclones, de la pobreza, del cemento que enriquecería a dos familias mientras se derramaba aquí y allá en nombre del progreso; aquella isla que sus nietos desconocen y que probablemente ni les importa, que llega filtrada en las palabras de una vieja ciega, que hace eco en las canciones que ellos cantan, en las causas que ellos abrazan. --La transición del innombrable al innombrable puede explicarse pero no entenderse en alguien como Remedios, piensa Isabel. --El tipo la siguió, la enamoró, la conquistó y ella no tenía armas para tanta pasión, gime María Luisa, no podía ser mala con él, como lo son conmigo, que me lanzan mi pasión al rostro, me abandonan después de usarme como un trapo, se queja María Luisa mientras agarra su copa de vino y enciende un cigarrillo. --Remedios era valiente, lo que le ponía la vida en frente, ella lo seguía. --Y era bella, explica Jacobo.

--Y libre piensa Aurora. --El paso del innombrable a Eduardo fue más complejo, analiza Mercedes. --No, más sencillo, explica Isabel, Eduardo era un ser libre también, sin todo ese bagaje seudo machista traumatizado que traía el innombrable. --Pero no tenía la pasión del innombrable dice María Luisa, que aunque sufre, no puede entender el amor de otra manera. --Es que tú no puedes entender el amor de otra manera, dice Leonor, esos amores no duran y Remedios lo vivió, lo supo y siguió viaje. --Pero lo vivió, suspira Jacobo.

--Pero siguió viaje suspira Aurora. --Y estaba lista para recibir la mirada de Eduardo, reconocer a Eduardo, pensó Remedios, sumergirme en el mundo Eduardo que no implicaba ceder ni un ápice del mío, cualquier cosa que yo fuera, pensara, dijera, quisiera, hablara, era recibida con una sonrisa de amor por Eduardo y como mi espíritu recién descubierto flotante por las aguas podría continuar sus peregrinajes en mi cuerpo aquietado, Eduardo se volvió relación nueva, amor nuevo, otro regalo de la vida para mí. --Y Remedios se entregó, una vez más, a la nueva experiencia del amor, suspira María Luisa, entendiendo.

--Y lo amé, pensó Remedios, con un amor que no necesita ocultarse, taparse, defenderse ni explicarse. Simplemente te encuentras un día frente a un ser que te hace una reverencia, se la devuelves y continúas andando, con todas tus ausencias en acto de observación y reconocimiento, cómodas, instaladas en tus ojos, cada cual donde tiene que estar. --Ay Eduardo, amor mío, hablar sobre nosotros no es tan fácil por la misma cercanía del amor a las palabras, la misma facilidad con que seguimos juntos y cuando vinimos a ver había pasado un montón de tiempo y hasta hijos había. No es fácil alejarme de mí misma para poder verme contigo, para poder vernos, es como analizar la respiración mientras se respira, observarte respirar y describirlo con palabras exactas, precisas, perfectas, innecesarias para la respiración misma. Como el que anota, meticulosamente, los síntomas de su muerte mientras se muere, hasta que la muerte llega y no puede anotar más y cae muerto, lápiz en mano, con la muerte que yace sobre los papeles de palabras precisas, más impenetrable que nunca.

*H*abía tanta tela entre él y yo. Era como si tuviéramos mil vestidos puestos, turbantes de esmeraldas deslumbrantes y telas de colores rodeando, siempre cubriendo, nuestros cuerpos. Es difícil encontrarse así, cubiertos por tantas telas y nunca quitárselas. Ni cuando desnudos. Su piel era terciopelo; yo casi podía distinguir, entre los poros, el color de cada tela, los hilitos de venas abrazantes, los botones de perla. Seguro que a él le pasaba lo mismo.

Sin embargo, hacer el amor con él era como llevarle tributo a los dioses; dos dioses, uno de él y una mía; dioses arruinados por sus manías, gordos y ajenos a las vicisitudes de sus fieles. Nuestros dioses envueltos en gasa y tallados en encajes, sorbiendo el licor transparente en el cual brillaban partículas de oro, fumando en la semioscuridad, rodeados del ondeante humo azulito que se entrecruzaba indiferente sobre las divinas cabezas inclinadas en el terciopelo carmesí, humito que se abría antes de perderse en la penumbra. Nuestros dioses, gozosos y llenos de sí, nos recibían en una salita circular, entre tazas de café espeso y porcelana chinesca, nos miraban entre sus copias flamencas; como si meditaran, desde allá, sobre nuestro amor parsimonioso pero febril; como si nos crearan con cada golpe de joya que nos iban lanzando espliníticamente, mirándonos indulgentes, permitiéndonos nuestro amor.

Fue arduo nuestro amor, fue arduo buscarnos desnudos y amarnos entre tanto velo, tanta ropa, tanto encaje. La vida la llevábamos alrededor nuestro, yo adivinaba sus lágrimas prendidas en cada ojal, su risa en cada botón, y fue difícil primero amarlo y luego, dejarlo, porque ¿cómo dejar el deseo de ir más allá de cada bordado de vida, de ir más allá de esa piel cubierta de tatuajes luminosos, de ir descubriendo nuestro epitafio debajo de tanta tela, de tanta costura entretejida? Cuando nuestros ojos se encontraban era como tender sábanas al sol, sábanas espesas, de diseños geométricos o bordados retorcidos, pero tendidas bajo el sol brillante del trópico, ¿ves la alegría? ¿reconoces el amor? ¿ves cómo sabía que un amor así no puede ser? Tarde o temprano terminaríamos a tropezones por los abrigos, resbalando entre blusas o camisas o rebozos, buscándonos los ojos y no encontrándolos entre tanto trapo. ¿Por qué nunca la desnudez total, cuerpos siameses cara al sol? No sé, tal vez esa posibilidad se me había ido con los otros, con el otro, algo lo impedía, algo más allá del pudor, y no hablo del pudor físico... Hacíamos el amor lento y profundo y gozoso, pero siempre entre las sábanas (olorosas a holanda), las toallas húmedas, los vestidos de brocado, sintiendo las brisas de los abanicos de encaje. ¿Pudor del espíritu? ¿Pudor de un espíritu que se mira en otro sin reconocerse cuerpo en ese otro? ¿Sería eso? ¿Yo maravillada ante ese amor permitido por unos dioses furtivos y al mismo tiempo, evadida de él? Yo no sé, sólo sé que mis hijos fueron de él, nacieron desnudos y envueltos, como capullitos de mariposas, hijos tallados en encajes, hijos que nos servíamos entre sorbos, hijos bordados a nuestros costados y que nos permitieron permanecer juntos unos años más, sorbiendo nuestros líquidos de partículas luminosas, mirándonos con amor en nuestra salita tapiada de tapices flamencos, rodeados del humito azul que se abría para darle paso a ellos, a nuestros hijos. Fue difícil dejarlo ir, verlo llorar perlas que se nos incrustaban en las mangas de la chaqueta, en mi cuello cubierto de collares, llorando por la desnudez que se alejaba por última vez en el horizonte, clamando por ella mientras nos clavábamos un clavel en la solapa y nos dábamos la espalda, cara a la pared.

--*L*o que le pasaba a Remedios era que nunca le gustó la intimidad que se daba con los años de convivencia, dijo Mercedes. La intimidad de mirar a alguien con quien has vivido por años, mirarlo y hacerle sentir que no lo estás viendo, esa clase de intimidad. Miras a la persona, lees a la persona desde las referencias a las que has llegado, acumuladas y ordenadas por el hábito, por los años de convivencia que te demuestran una y otra vez cómo es, cómo eres, neurosis tuya hilada al gesto del otro, dolor de cabeza tuyo que toca el hombro del otro al pasar; a Remedios ese tipo de intimidad le producía horror y por eso se movía cuando podía, yo sé de lo que hablo, dice Mercedes. --Y se le hizo difícil con Eduardo porque él era especial, murmura Aurora, él no la hacía sufrir, no le exigía que cambiara. --La quería tal y como era, suspira Jacobo. --La amaba tranquilo y seguro de su amor, dice Isabel. --La intimidad de la imagen era su juego, mirarlo y hacerse frente a él implicaba, más que nada, vivirse como otra siendo ella, crear una intimidad siempre diferente, dice Mercedes. --Porque ¿qué importaba si nunca eras tú de todos modos, verdad Remedios? piensa Mercedes, mejor inventarte en el mundo del otro, control, penetración, casi robo, que ser mirada y no vista mientras sientes el roce de unos dedos que no pueden conocerte porque llevan demasiado tiempo contigo, recogiéndote sin pensar, sin jugarse en tu espacio y tú sin jugarte en el de él porque ha pasado demasiado tiempo y el hábito se ha instalado, obstinado, cómodo. No, tú no sabías estar, sólo ser, y huías ante el asomo de la costumbre, esa intimidad de abismos. --Yo creo que mi madre anda extrapolando, piensa Mercedita, no se puede comparar una dejada con otra dejada. --Remedios era un espíritu libre, murmura la abuela. --Espíritu libre amarrada a una familia prisionera de sí misma, pensamiento que le llega a Gustavo entre tratamientos, cuando se sienta por horas a construir fuertes con palitos de fósforos, para destruirlos como destruía los puentes en la guerra, puertorriqueño carne de cañón, prisionero de guerra, prisionero de la demencia que le niegan entre electrochoques e insulina, prisionero de los huesos de su padre que nunca pudo destruir uno a uno como destruye los fuertes que construye por horas y horas con palitos de fósforos.

--Mi madre simplemente se sintió demasiado cómoda en el amor de mi padre, dice Josefina, y como andaba rodeada de infelices le entró la duda. --No éramos infelices, piensa Leonor, sino reclamadores obstinados. --Reclamando vida para después no saber cómo vivirla y volver a buscarse, volver a la familia, afirma Remedios. --María Luisa, Jacobo e Isabel, con sus vidas erráticas, eran los más que reclamaban atención, analiza Aurorita. --Aurora casada con ese macho espantoso necesitaba ser rescatada de vez en cuando y de eso me encargaba yo, dice Isabel, que la iba a buscar a cada rato y le hacía cruzar las tres calles hasta venir a la casa donde la abuela terminó viviendo con Jacobo e Isabel. --Mercedes, aburrida, hacía lo mismo, piensa Mercedita. --Y Leonor, atascada entre una familia exigente y su gringo reservado, era un bastión de seguridad para todos, sus puertas siempre abiertas, hasta la abuela vivió diez años con nosotros antes de irse a vivir con Jacobo, dice Teresa.

Ha pasado mucho tiempo desde que he buscado a Remedios para encontrarla en mis papeles-garabatos que ahora son memoria. Los veo a todos pasar, como si estuvieran montados en un barco diciéndome adiós con la mano y yo acá en la orilla agito mi mano llena de papeles y ellos parecen reírse, como diciendo vano empeño. Pasan los muertos: Jacobo, María Luisa, la abuela, Remedios, Gustavo y ahora también Ignacio, el líder de nuestra última peregrinación, juntos en la memoria pero apartes en la vida que se recuerda porque ahora es Remedios, la primera gran muerta de la familia, hace tantos años.

Yo, Victoria, miro al hombre que yace a mi lado. Lo observo minuciosamente mientras duerme. Creo ver un destellito rojo entre una ceja -¿rubí?-; lo miro tan de cerca que se nublan sus facciones y su rostro se vuelve movimiento de lucecitas -¿perlas?- que se disuelven en la textura -¿terciopelo?- de una sombra antes de volver a definirse las facciones del hombre que nace a mi lado, desde las penumbras del cuarto. Siento un escalofrío recorrer mi cuerpo. El aliento acompasado de este hombre me recuerda la respiración aquietada de Remedios cuando se quedaba dormida después de hablar y yo me iba del cuarto cerrando suavemente la puerta (--ahora está dormida, no la molesten) y me iba a recordar las palabras, recopilarlas, repasarlas rápidamente, escribiendo aquí y allá los cuentos de Remedios, las luchas de Remedios.

Comienzo a ver las cicatrices, los velos desgarrados, las hebillas sueltas, las campanitas doradas en los ombligos, todo como un remolino de luz que se vierte sobre el cuerpo que yace a mi lado, que ha pasado por los cuerpos que Remedios me cuenta, que me contó, borrando tiempos, naciéndonos a todos desde unas palabras rescatadas del olvido, desde mis silencios como tumbas que también comienzan a llenarse. El escalofrío es la sangre, tía, es la página; es el cuerpo que yace a mi lado que de alguna manera también fue tuyo, hace tantos años, y que dejaste porque era tu vocación, vocación de peregrina errante que nunca logró partir. En el gesto de tu vocación me lo entregaste, ¿verdad? Desde esa distancia que ahora es tu tumba frente al mar, me lo cediste ¿no? Porque lo veías y te veías y me lo contaste como pura vida mientras te morías, tía, y yo te escuchaba sin saber que era ya tú, que él era él, y que un día tus palabras escribirían mi tiempo, y que yo andaría por la espiral un poquito más, extendiéndola un poquito más, aquí, como la curva de los anillos que están sobre la mesa al lado de la cama, que nos quitamos porque es necesario amarnos sin nada puesto, sin nada.

Yo soy un muerto al que se me negó entrada en estas páginas porque mi muerte reciente estaba más acá de las palabras y ella no podía escribir sobre mí. Ella tendrá que ser yo, desplazarse hacia mi ausencia y empezar a mirarse, a mirarme y ella piensa que no puede hacer eso ahora, y se entretiene escribiendo sobre ella creyendo que escribe sobre los demás. Pero yo ando por ahí reclamando mi lugar, yo sé cuándo ella se va a morir, por ejemplo, ella sabe que me verá cuando se esté muriendo pero es lo único que sabe. A mí me gustaría que ella supiera más pero ella se resiste. Cosa extraña, estas resistencias a las explicaciones en alguien que lo que hace es explicarse constantemente creyéndose explicar el mundo. Cosa extraña, este querer ganarle al tiempo sin saber que mientras más quiere burlarlo, más se sumerge en él, falsa seguridad de una conciencia que busca encerrarse en una explicación (novela, cuento, libro) mientras percibe que la fluidez difumina, limpia, devora, recrea, re-existe, es (pero se resiste). Yo soy un muerto que recuerda los lugares comunes trascendidos y quisiera comunicarse con la mujer que escribe pero se encuentra con una pared de luces, palabras-luz, palabras-red; ellas ganchos y yo pez enganchado, muriendo, flapping away, mientras se me visualiza en un plato cubierto de salsa de setas y vino y (probablemente) semillitas de ajonjolí.

*C*ómo me costó dejar a Eduardo, especialmente difícil cuando, primero, se tienen hijos juntos y, segundo, lo amas. Pero la ropa, ¿entiendes? A veces el ahogo, ¿sabes? Las vestiduras que nos rodeaban, los hijos que nos rodeaban, su mirada llena de amor que reaparecía en nuestra hija, que rebotaba a nuestro hijo, para volver a donde él y obligarlo a girar la cabeza, como buscando algo, como si estuviera atrapado en su amor, feliz pero... ¿arrepentido? No quiero usar esa palabra, porque yo no puedo vivir los arrepentimientos de los hombres, de mis hombres. Puedo instalarme frente a sus muros y contemplar las hendiduras formadas por sus tiempos, sus gozos y sus lágrimas, claro; puedo bailar con ellos, mientras busco esos muros y, si logro subirme, puedo seguir el baile, sí, de cara al cementerio golpeado por la brisa marina; puedo saltar el muro y pasearme por sus cementerios recitando poemas que bendicen cada tumba de ellos, sí; puedo abrazarme a sus murallas y a sus tumbas (si llego porque no con todos se llega) hasta sentir el golpeo de sangre y corazones; pero entrar en ellas, bañarme en ellas, revolcarme en las alimañas que las habitan, sumergirme en las aguas turbias, descubrir la arquitectura sin necesidad del arquitecto, sorprender cada capa formada de adentro hacia afuera, sentirlos como creadores de las ausencias del alma, no! Ay, Victoria, y sin embargo óyeme hablándolos, cada uno entró a cavarme el huequito interior, que se fue abriendo hacia afuera, abarcando mundos;

hablar de mí es hablar de ellos. Hablar de mí es hablar de Eduardo. Con él me quedé, él es el padre de mis hijos, él es mi amor de acá, de la vida, de la vida que dejo ahora, de la vida que dejé con él, la vida que me duele porque se me va, que se está yendo con cada palabra que te hablo, que moldea mi afán de hablar. Me cocino aquí ahora contigo, Victoria, lo que harás con mis palabras no lo sé, pero aquí están mis ausencias, aquí está él, mi amor. Aquí queda él, en Puerto Rico, no sé hasta cuándo pero terminará yéndose, creo, al igual que mis hijos que seguro se irán, al igual que tú, Victoria, que te marcharás para siempre, tú la primera de la caravana de nuestros hijos que a pesar de los pesares, a pesar de Isabel, Leonor, María Luisa, Aurora, Jacobo, mami, Mercedes, mi muerte, se irán yendo, uno a uno. Tú seguirás viendo a Eduardo por un tiempo pero ahora te lo entrego, envuelto en mis palabras, mi amor, mi recuerdo, al padre de mis hijos. Recuerdo a su madre también. La única persona que he conocido que realmente quería morirse, que esperaba pacientemente que la muerte llegara y se la llevara a esos lugares cósmicos que ella juraba existían. Ella se llamaba Jane.

La primera vez que Jane vio a un ángel fue cuando estaba lavando en el fregadero de la terraza los pañales sucios de sus gemelos, Andrew y Eduardo. Pensó que se le había nublado la vista pero no: una especie de lucecita blanca andaba como que flotando y creyó distinguir una alita con puntitas azulosas. La visión duró unos segundos y de pronto, en su cabeza, se escribió la frase: "uno de tus hijos va a morir, necesitas prepararte". Andrew! pensó ella, el más débil. Corrió a la cuna y miró a sus hijitos de dos meses: uno robusto, el otro tan pálido y delgado. Sí, pensó llorando, Andrew se irá, angelito al fin, errante ser que por alguna razón tuvo que manifestarse en este mundo por tan poco tiempo. Al mes, Andrew moría y Eduardo crecía, rozagante y contento. Jane continuó viendo ángeles: pasaban a su alrededor, le susurraban por las esquinas, le inscribían frases en la mente. Llegó a reconocerlos y saber sus nombres: Joseph, Azucena, Andrew, Frederick, Manuela. Después se vendría a dar cuenta de que todos ellos eran manifestaciones de un mismo ser, uno que era su protector desde y para siempre y que cuando Eduardo tendría unos tres años, le habló directamente a la mente, mientras ella se bañaba rodeada de velas, diciéndole hola, soy Frederick, tu amigo de la infancia en Concord, a quien viste exactamente hace tres años y medio en un encuentro furtivo en Maine, antes de casarte e irte a Puerto Rico: en exactamente dos horas y media te llamaré por teléfono. Terminó de bañarse lentamente y salió del baño. Al pasar frente a la cocina divisó a su esposo sirviéndose un vaso de leche que en aquel entonces se usaba como remedio a las úlceras, su esposo el puertorriqueño que había conocido en New Haven y de quién se agarró como tabla de salvación para escapar de la sordidez familiar de la cual huía por enésima vez, el padre biológico de sus gemelos, con el cual había tranzado por un nombre en español y otro en inglés y quien hacía rato, al verla ir hacia el baño, le había dicho cuándo carajo se te va a quitar la manía de darte baños, si ya no estamos en el frío, chica, acá la gente se ducha! Mientras iba en dirección al teléfono, que en ese momento empezó a sonar, le dijo --dicho sea de paso, ¡dale por sentado que nos divorciamos! Ella se acordaba de Frederick (ahora uno de sus ángeles tenía rostro definido entre la bruma) y, efectivamente, era él quien la llamaba del aeropuerto, andaba de vacaciones con su familia rumbo a St. John. --Recibí tu mensaje, le dijo ella. --Era hora de establecer contacto directo le contestó Frederick, ya han pasado los años necesarios. --¿Tú eres los ángeles? --Excepto Andrew, todos los demás. --¿Por qué tuvo que irse? --Era necesario. --¿Por qué tuvo que nacer? --Por tu otro hijo y por ti. Has parido un espíritu viejo y uno nuevo. Te quedas con el nuevo, con el que nunca antes ha nacido en este planeta, él te dará la fuerza para seguir, sin él sucumbirías a tu destino.

--¿Por qué me ha tocado este cerebro lleno de defectos? --A veces se cometen errores hasta en las más altas esferas. --¿Qué hago ahora? --Es hora de irte a tu lugar de origen, donde continuarás tu segundo viaje, el interior. *The first loop is completed. Now comes the second.* Sigue tu instinto, sabrás cuándo irte. No confundas las señales, recuerda lo que te digo, confía en tu instinto. --¿Es posible cambiar el destino? --Sí, siempre. A los siete meses, después de echar de su casa a gritos a un amigo de su esposo que le produjo un fuerte espasmo nervioso, haciéndole derramar una jarra de café en la mesa y provocándole temblores de ansiedad, ella se iba con Eduardo de Puerto Rico a Georgia, dónde vivía su madre biológica, para el alivio de su esposo que ya había regresado a sus raíces boricuas y andaba medio arrepentido de haberse casado con una gringa bastante tostá y bien moody, especialmente cuando él iba a las marchas a gritarle yankee go home a todos esos gringos que venían buscando nuestras playas o usándonos como jumping board a St. John o Santa Lucía y especialmente después de que había echado nada menos que al compañero Gerardo de su casa, él que le había dado la mano a Mao, que había visitado Moscú y con quien planeaba ir a Cuba el próximo verano. La vio irse sin un ápice de arrepentimiento y sólo se acordaba de ella de vez en cuando. Su madre era la que se ocuparía de mandarle un chequecito mensual a Jane y a su hijo, a las diferentes direcciones que Jane le mandaría a ella a su casa en Miramar. Y se acordó de ella cuando, muchos años más tarde, se descubrió que Gerardo era un agente encubierto de la policía, camarón y chota, que terminó cayendo muerto en una balacera inexplicable que se formó en la barra *Aquí me quedo* en Barrio Obrero.

    Jane estuvo en Georgia casi un año, viviendo del dinero que recibía de su ex-esposo (ella siempre agradecería la constancia de su ex-suegra) y trabajando a tiempo parcial en una fábrica de corbatas mientras sentía las presencias de Frederick al bañarse rodeada de velas, esperando nuevas instrucciones para continuar su peregrinación hacia el norte. Una tarde, mientras regresaba del trabajo, vio escribirse en su cabeza la frase: "muy pronto tendrás que irte, te rodea el peligro". Cuando llegó a la casa descubrió que su madre había dejado a su hijito sólo, hambriento y llorando histérico. Ahí mismo hizo la maleta y se fue rumbo a Boston, donde había vivido de pequeña con su padre y su madre antes de que se divorciaran y su madre cargara con ella hacia el sur, renegando porque no quería a esa niña tan taciturna y su padre, recién casado con una zángana perversa y abusadora, quedara feliz de no tenerla y de no verla nunca más. Quince años más tarde Jane lo vería morir en un sueño y, perdonándolo, lo ayudó a pasar al otro lado. A la siguiente noche soñó el entierro y allí se dedicó a hacer maldades: tumbó un cirio sobre la falda de la zángana abusadora viuda a quien no podía perdonar, le haló los bigotes a uno que tenía cara de hábitat de extraterrestre reptiloide de orden inferior, y movió el ataúd cerrado de su padre, causando la consternación de los presentes y el convencimiento general de que su padre se rebelaba ante la muerte. La zángana viuda de su padre vivió toda su vida restante creyendo que el fantasma que veía venir todos los cuatro de julio para hacerle cosquillas en los pies era el de su marido muerto, sin darse cuenta de que era otro, mucho peor, muchísimo peor, que andaba chupándole la energía poco a poco, como justo castigo a su perversidad.

    La vida de Jane había sido siempre una perenne huida de la maldad, lo que ella vendría a identificar después como la burla a su destino. Eso la había llevado a Puerto Rico, después de que conoció al puertorriqueño estudiante en un parque de New Haven en una de sus escapadas del hogar de la madre biológica rumbo al noreste, a donde siempre se le ocurriría ir. Se habían medio enamorado y habían empezado a vivir juntos, ella feliz de conocer a alguien inteligente y bondadoso y él contento de tener una gringa diferente, que con sus supersticiones, manías y rarezas, le recordaba a su abuela Esperanza, que acababa de morir en Puerto Rico y a cuyo entierro no pudo asistir porque andaba tomando sus exámenes de grado. Ella trabajaba y él terminaba su carrera en historia. Por las noches bebían vino y ella modelaba para sus pinturas: trazos abstractos que cubrían unos lienzos pequeños y que Jane interpretaba como visiones de su aura. Durante ese año y medio, Jane fue sólo una vez a Boston, después de soñarse caminando por la avenida Commonwealth y allí se encontró con su viejo amigo de la juventud, Frederick, quien la llevó entre las hojas afiladas de un bosque de pinos en Maine para hacer el amor, ella de cuatro meses de embarazo con sus gemelos. De ahí que sus hijos tuvieran dos padres, uno biológico y uno espiritual, de ahí que fueran hijos espirituales de su guía espiritual, cosa que no descubriría hasta la llamada telefónica de aquella tarde visionaria.

Antes de llegar a Boston y quedarse ahí para siempre, Jane ya había comprendido que la definición de su vida era la huida. Y suerte que encontrar a su hijo en esas condiciones en la casa de su madre biológica en Georgia le provocó salir del estupor de la parálisis combinación de miedo y trabajo de fábrica para seguir lo que le había escrito Frederick en el seso, porque ella vendría a descubrir que su madre biológica y su hermana biológica y demás familiares biológicos, con su sadismo de dysfunctional family, andaban en complot maquiavélico para quitarle a su hijo y declararla loca de remate; a ella, que si era maniaco depresiva y medio histérica era porque había sufrido desde niña el abandono de un padre egoísta y cabrón y el abuso de una madre mala y perversa, que la encerraba con las gallinas en el patio de atrás del trailer park mientras chingaba con el lechero o el vecino de turno. Ella sabía que por su condición, su edad joven y la natural hostilidad del mundo de las instituciones, perdería a su hijo y un ser nacido por primera vez en este planeta no podría tener defensas para enfrentar tanta maldad. Entonces, escapó. Se montó en su Chevrolet destartalado y se fue, no sin antes robarle una pistolita a su hermana la paranoica que era tan paranoica que disimulaba su paranoia y nadie lo sabía, con sólo dos balas: una para su hijo y una para ella porque si los encontraban antes de llegar a su destino las iba a usar; nadie iba a joder a su hijo, con ella tenía que terminar el círculo siniestro y debía abrirse otro, fuese como fuese. Empezó a entender lo de reescribir el destino mientras manejaba rumbo al nordeste, durmiendo en el carro por miedo a que la estuvieran buscando. Por lo menos el padre de Eduardo, el puertorriqueño, nunca le cuestionaría sus idas y venidas y el sentimiento de culpa de la madre en Miramar le proveería un dinerito constante. El egoísmo del puertorriqueño era tan convenientemente perfecto que Jane empezó a entender el designio que se iba trazando. El, por otra parte, ayudaba a su madre a cumplir su deber, aliviado de no tener que bregar directamente con una ex esposa gringa y un ex hijo mitad y mitad, aliviado de no tener que verlos nunca y con la conciencia tranquila porque él no era como otros que había que perseguirlos con anzuelo para que ayudaran a mantener a su hijo, él no era así, aún ahora que se encontraba dedicado a su esposa número dos y a su hijo número dos, inmerso en la lucha por el socialismo, que sentía estaba a la vuelta de la esquina, mientras trabajaba en una agencia de publicidad. Cuando Eduardo cumplió veinte años fue a Puerto Rico a estudiar en un programa de intercambio y su padre lo recibió, aliviado de verlo ya criado y de buenos modales, hecho todo un hombre, este americano nacido en Puerto Rico, con su español goleta que iba mejorando día a día, que se enamoró del arroz con habichuelas y miraba, como buen hispano, los culos y no las tetas de las mujeres al pasar, sin resentimientos aparentes para con él, que estaba ahora con su esposa número cuatro y su hijo número cuatro. Hasta le entró el orgullo de padre y lo ayudó a buscarse un trabajito mientras estudiaba, él sí que estaba bien conectado tanto a la diestra como a la siniestra. A Eduardo le encantaron el calor y las brisas marinas y se quedó en Puerto Rico, aliviado a su vez de no tener que bregar directamente con una madre maniaco depresiva, que por otra parte ya había recibido un mensaje cósmico contundente: tenía que soltar a su hijo al mundo, la separación física era necesaria para poder seguir su viaje metafísico. *The second loop is completed. Now begins the third.* Por supuesto que le costó dejarlo ir, se moría de amor, de pena y de miedo. Era él quién la ayudaba cuando le entraban los ataques de ansiedad, era él quien le hacía las compras cuando ella no podía salir afuera porque no podía bregar con la gente mala y el mundo hostil, era él quien le cambiaba el chequecito que había empezado a recibir del seguro social por incapacidad mental, que combinado con el chequecito de Puerto Rico, les había dado justo para vivir, pobres pero no muertos de hambre. Cuando les tocó el día de la despedida, le pidió a su hijo que caminara por la calle mirándola de frente y caminando hacia atrás para que nunca le diera la espalda y al verlo desaparecer calle abajo, respiró fuerte y se encerró en su apartamentito. Primero bordó una manta gigantesca con retazos de telas que iba encontrando aquí y allá, incluyendo pedazos de toda la ropa que su hijo había tenido y que ella nunca había botado. Después se dedicó a bordar tapetes multicolores. Finalmente, se dedicó a pintar piedras, ramas y pedazos de madera que recogía cuando por fin se animó a salir a la calle, después de que dominó el arte de volverse invisible para que nadie la molestara. Salía a comprar sus cigarrillos y lo poco que comía, recogía las ramitas, los palitos y las piedras que parecían sobresalir como si la llamaran y en ellos pintaba trazos de sus caminos espirituales con colores brillantes. Jane creó una serie de salt sticks, map sticks, walking sticks, contemplation sticks, meditation sticks, power stones, mystical stones, protection stones, que se encargaría de poner por todo su apartamento y de enviarle de vez en cuando a su hijo, para su protección eterna. Mientras tanto, su hijo andaba por las calles de San Juan, Santurce y Río Piedras, y fue en Río Piedras, cuando regresaba del correo con un paquetito que contenía una piedra cubierta de escarcha de oro y plata (gold enhances, silver protects) enviado con el propósito de ayudarlo a reconocer con sapiencia a la mujer de su vida, en un jueves de agosto, cuando no soplaba ni una brisa tenue y se sudaba a chorros, cuando Eduardo se tropezó con Remedios. El hecho de que Remedios fuera nueve años mayor que él no les preocupó ni a Remedios ni a Eduardo, pero su madre saltaba de alegría allá por Boston cuando él le contó que había encontrado a la mujer de su vida; para Jane era una señal más del acierto: no está con ninguna pendeja, está con una mujer hecha y derecha y cuando soñó a Remedios y la vio con sus ojos oscuros y su pelo negro se emocionó tanto del acierto que se levantó de un salto de la cama (a la hora de las brujas que son las tres de la mañana), reorganizó todos sus cientos de talismanes, encendió todas las velas que le quedaban y bailó el baile de las gracias cósmicas hasta la madrugada.

--*A* Remedios siempre le gustaron los jóvenes, decía Mercedes, así podía ejercer su vocación de maestra. --A Remedios le gustaban de cualquier edad, decía María Luisa, así podía ejercer su vocación de esponja, su necesidad de vida. --Remedios prefería los jóvenes, decía Aurora, porque sabía que después de los treinta el hombre se fosiliza y si vas a ejercer influencia alguna tienes que agarrarlo antes de los treinta. --Todo eso suena demasiado maternal, decía Isabel, la verdad que ustedes las mujeres están jodidas. --Tú no vengas, Isabel, el hecho de que seas lesbiana no significa que no seas mujer, carajo, no hay más que verte con nuestros hijos, eres insoportable con ellos, si te los dejáramos serían todos una manga de malcriados espeluznantes. --Pero es vicario, hijas mías, es puro teatro, hijas mías y cómo me divierto deshaciendo lo que ustedes hacen. --Remedios es una verdadera artista del amor, decía Jacobo, en vez de sentarse a escribir un verso, en vez de contemplarse ser, ella sale a la calle a retar al mundo y a construirse en una noche como poesía o como cuento, con principio perfecto y final perfecto. Todos reconocemos un cuento perfecto por su primera y su última oración y Remedios tiene el talento de empezar y terminar relaciones de una manera perfecta. Se le da mejor con un joven porque ella es la creadora, ella es la artista, ella es la que le anda reclamando a la realidad un poco de poesía, un poco de vida y como es mujer bella e inteligente, se le hace más fácil que a otras, que a otros. A Jacobo se le entristecía la mirada. --Es la única que ha vivido a plenitud, a sabiendas del texto que escribe, de los puntos y las comas que le añade. Ella es nuestra contraparte allá afuera y al mismo tiempo siempre estuvo con nosotros, regresó a nosotros, era nuestro vínculo con la vida, la única gran artista de la familia, la verdadera artista.

--Como siempre, exageras, Jacobo, decía María Luisa, todos hemos vivido un montón, todos hemos hecho cosas, lo que era especial de ella era su capacidad de distanciarse y de cambiar, de experimentar con la vida, en vez de caer en lo mismo una y otra vez, como otras. A María Luisa se le entristecía la mirada. --Exactamente, decía Aurora, como una artista que completa un cuadro o un libro y pasa a otro. Con la suerte de tener el tiempo a su lado, de saber cuando moverse, cuando crear. Con la suerte de encontrarse con hombres bastante libres y tiernos. A Aurora se le entristecía la mirada. --Tal vez, decía Isabel, Remedios era la creadora perfecta de los misterios de la cercanía. A Isabel se le entristecía la mirada. --Ustedes deliran, decía Leonor, a Remedios le gustaba buscar, no le gustaba encontrar, eso es todo.

*C*uando Remedios fue a Boston a conocer personalmente a la madre de Eduardo (--ya la conocía en sueños, decía Remedios, venía a cada rato a presentárseme hasta que le dije a Eduardo vamos a verla para ver si me deja dormir tranquila) hacía ya algunos años que Jane y Frederick llevaban elaborando su camino espiritual hacia la otra vida. Amigo, amante, compañero del alma, Frederick era un cuerpo invadido por muchas entidades diferentes, encargadas de llevarle a Jane cualquier mensaje considerado pertinente, comunicándole desde lo que significaban sus sueños hasta la intensidad del frío del próximo invierno; desde cuándo sería la próxima guerra hasta cuándo sucedería la próxima gran caída de la bolsa de valores, esto último pura cuestión de tiempo. El le enseñaba a reconocer cuáles de las entidades que se cruzaban en su camino eran seres humanos y cuáles extraterrestres de calidad inferior o superior, primero directamente, cuando ella le contaba: --ése no era lo que parecía, tu intuición estaba correcta; luego, indirectamente, porque ella aprendió a distinguir los tipos por su cuenta, casi podía ver escamas verdes o pieles grises entre los transeúntes, mentalmente le preguntaba y él le confirmaba: --trata una vez más, ubícalo mejor y no te dejes confundir. El le traía información de los planes cósmicos para con nuestro pequeño planeta tierra, todavía en la edad de la adolescencia, ella recibía mediante él la confirmación sobre sus vidas pasadas mientras él le aseguraba una y otra vez que esta vida era su última, que no se preocupara, que no le tocaría vivir de nuevo en este planeta atroz, que su ascensión a otro nivel de la existencia era una garantía, que por eso él estaba allí, por eso ella había empezado a escuchar a sus ángeles (en realidad los viste como ángeles pero son, digamos, espíritus superiores, elders, que también pasan por mí), que por eso había escuchado su voz en la bañera allá en Puerto Rico y que ella tenía que reconciliarse con la idea de que todo lo que le había pasado y todo lo que le pasaba, absolutamente todo, era parte de un plan mayor donde ya estaba escrito el mundo y era cuestión de descifrarlo, es decir, de vivirlo, de aprenderlo, de reconocerlo como el que había deseado para su evolución antes de nacer, cuando su alma se encontraba en el lado de allá decidiendo cómo iría a nacer. Ella no podía dejarse distraer a nivel cotidiano por lo malo de su vida atroz, su estado depresivo, la precariedad económica, su familia hija de la gran puta; todo eso existía y había existido para un propósito que era su evolución espiritual y ella lo había sabido desde antes de nacer y, en esta vida, mediante el continuo contacto con Frederick, quien en su cuerpo albergaba mensajeros de por lo menos nueve especies de orden superior, alcanzaría lo que podría llamarse el "blending", la unión energética con las altas esferas y entidades del universo, la unión con su propio destino visualizado por ella misma antes de aventurarse a vivir su última vida. --¿Tú quieres decir que hay dos destinos? ¿Uno que es el que deberías vivir, que es el que yo estoy burlando cada día y otro que ya está allá, escrito por allá, sólo posible si me burlo de éste? --Más o menos, sí, hay un camino inexorable y una serie de decisiones intermedias, tú escoges cuándo vas a llegar, cuántas vidas vas a tener o necesitar pero finalmente todos llegarán a una culminación antes de dar el salto. --¿El salto hacia otras dimensiones? --Más o menos, sí.

Jane creía en todo eso, me contó Remedios. Por eso se alegró de que Eduardo fuera a Puerto Rico, esa sangre hispana que le corría por las venas estaba ahí for a reason, esa luz metafísica de su padre metafísico estaba en su aura for a reason y Jane juntó a todas sus Janes y se concentró en sobrepasar la ansiedad que padecía su cuerpo cuando se quedó sola, porque ella no podía tener más distracciones de eso que llamaban la vida, cuando ella sabía que para ella se cocinaban otras cosas, otras. He cumplido mi parte, decía Jane, he criado a mi hijo contra viento y marea, le he enseñado a identificar las voces que me susurran a las espaldas, le he prometido eterna protección física y metafísica y ahora me toca a mí. Las diferentes Janes lucharon entre sí por semanas cuando Eduardo le dijo que quería ir a Puerto Rico a estudiar y a conocer el lugar donde nació y ella entretuvo a la Jane loca con sus palitos, piedras, bordados y juegos de volverse invisible para apaciguarla, traerla a este lado, encauzarla por el camino que Jane sentía que se abría ante ella con más imperiosidad que nunca. Voy a estar lo que me queda de vida con un pie en esta realidad y un pie en la otra, pensaba. Ella se necesitaba concentrándose en su camino hacia el allá, en el cruce del umbral, había que alejar toda duda y luchar contra toda angustia, sentía que estaba lista, lista desde cuando niña había sentido dentro de ella vocecitas que parecían decirle que en este mundo se escondían otros, muchos otros que nada tenían que ver con el de la sordidez familiar, con el de la crueldad materialista de este país, donde a los pobres declarados locos como yo, se nos empuja detrás de los setos, se nos barre debajo de las alfombras, se nos ignora por el pánico que les produce reconocerse en nuestra precariedad.

Cuando Eduardo me llevó a conocerla, me dijo Remedios, en su apartamentito dilapidado lleno de gatos y de incienso (con ella aprendí a quemar incienso, entre otras cosas, para consternación de Leonor que decía que el incienso y las velas eran para iglesias) Jane lanzó un alarido de alegría y me dio un abrazo que casi me deja sin aire. Me gustó su olor a humo de cigarrillo y a jabón. Primero me dio la bienvenida a este planeta, después me dio la bienvenida a mi existencia, después me dio la bienvenida a la época en que vivíamos y por último a su casa centro de energías cósmicas. Estaba feliz porque confirmaba el sueño donde me había reconocido de una vida anterior y esto la acercaba a su momento final, el momento de su unión cósmica con las fuerzas energéticas. Ahora sí que podía irse tranquila porque su Eduardo estaba con la persona que tenía que ser. Bienvenida, mil veces bienvenida me dijo, es una época excitante para estar viva porque muchas cosas van a pasar, nuestra manera de entender el universo y el cosmos va a pasar por una gran conmoción, en tu vida verás cosas que nunca se habrán visto antes, y yo también las veré desde las alturas energéticas porque me voy del cuerpo, ahora sí que se acerca el final porque has aparecido tú, Remedios, me dijo, contigo puedo romper el último vínculo que me queda con este lado, el vínculo físico biológico con mi hijo, me dijo loca de contenta y me entregó su cargamento y yo me quedé, primero, enternecida y fascinada ante esta mujer, integrante de un culto que partía de ella y que era ella y las nueve entidades de orden superior que pasaban por el cuerpo de Frederick, y de cuyas existencias el Frederick de carne y hueso, de carné de identidad, familia, trabajo y casa, parecía tener un conocimiento a medias. Después me quedé maravillada ante el sutil intercambio que había sucedido o que ella creía había sucedido que para los efectos era lo mismo: no el padre que le entrega la hija al hombre sino la madre que le entrega el hijo a la mujer para poder montarse en su guagua existencial e irse a la estrastósfera de una vez y por todas.

*J*ane nunca conoció a sus nietos porque no lo consideraba necesario, me dijo Remedios. Se comunicaba con ellos en sus sueños, decía Jane, colocando la información necesaria en su subconsciente, decía, para que la recogieran cuando fuera necesario, a la edad adecuada. Jane nos hablaba por teléfono y nos decía: váyanse para Cabo Rojo a pasarse el fin de semana. Allí, frente a ese mar mágico, los veré a todos. En Cabo Rojo hay un centro de energías cósmicas de entidades de orden superior, nos decía, allá puedo ir sin peligros de caer en manos de la negatividad. Saluden a las mariposas amarillas, báñense en el mar, sumerjan a los niños cubiertos de arena, allí yo los veré y les mandaré mi bendición reanudando su halo de protección. Allá nos íbamos, mis hijos saludaban a Jane en cada mariposa amarilla que revoloteaba y que parecían multiplicarse cada vez que llegábamos nosotros, por lo menos eso aseguraba Virgilio, el pescador medio poeta que se hizo amigo nuestro y nos llevaba por los mangles mientras recitaba versos de Palés, o nos llevaba mar afuera a silbarle a los delfines para ver si venían a entretener a los niños y servir de guía al barquito. Virgilio juraba conocer a muchos pescadores que habían visto platillos voladores o sombras luminosas circulares cercar las aguas donde pescaban, haciéndoles perder la noción del tiempo. Jane juraba que ella había tomado té de limón con unos hombrecitos verdes y grises en la parte oeste de la isla, un mes antes de que nacieran sus gemelos, una vez que el padre de Eduardo la llevó a conocer la que él llamaba la playa más hermosa del mundo, Ballena (en los tiempos en que no iba nadie), donde se pasaron todo el día bañándose desnudos y haciendo el amor en la arena entre mariposas amarillas y de la cual Jane todavía guardaba unos pedazos de madera que había recogido de la playa, incluyendo uno que tenía un clavo mohoso y que ella usaba como candelabro para quemar velas blancas cuando había aviso de huracán en Puerto Rico, o de tormenta de nieve en Boston, y que ahora te entrego a ti, Victoria, para cuando tú decidas encender velas, porque créeme, llegará el momento en que tú también necesitarás encender velas.

Perdóname Jane, que dejara a tu hijo, pero esperé a que te murieras para hacerlo. No era que estuviera esperando a que te murieras, no es exactamente eso, pero como que todo cayó justo en su lugar y en su tiempo aunque yo no supiera que iba a empezar a morirme tan pronto. Yo lo amaba, lo amo; Jane sabía cómo nos amábamos, ella quería dejar todo perfecto y cerrado para poder irse en paz y así mismo fue; te fuiste en paz, Jane, convencida de nuestra unión por los siglos de los siglos, que traspasaría nuestras vidas para volver a unirnos en las otras y a lo mejor tenías más razón de la que me imaginaba, ahora que le cuento a Victoria nuestros encuentros, ahora que ella seguirá andando un camino en el que me he colado un poquito y te he colado a ti, ¿quién sabe? ¿qué verdades habrás descubierto en tu muerte, Jane, o qué sorpresas habrás encontrado? Sólo sé que moriste el mismo día en que naciste, el treinta y uno de diciembre, mi día favorito del año porque estamos celebrando el paso del tiempo, las víctimas celebrando su condición de víctimas y eso implica cierta trascendencia. Mis hijos dormían y despertaron diciendo que habían soñado con mariposas amarillas, yo sentí un aleteo suave abrazárseme a la cintura y a Eduardo se le quitó el dolor de cabeza que había tenido todo el día. Cuando Jane no contestó el teléfono, ni ese día ni el siguiente, Eduardo se montó en un avión rumbo a Boston. Descubrió el cuerpo de Jane sobre la alfombra de su habitación, rodeado de velas consumidas, trazos de incienso, las barajas Tarot a sus pies, sus gatos durmiendo plácidamente a su alrededor, y cuatro bolsas de papel de supermercado cubiertas con escarchas multicolores, enumeradas de la una a la cuatro con los cuatro puntos cardinales y colocadas en los cuatro puntos cardinales de su cuerpo. Eduardo se sentó junto a su madre y empezó a abrir las bolsas, empezando por la primera (la del sur), siguiendo por la número dos (la del oeste), luego la número tres (este) y por último, la que estaba sobre su cabeza (norte). Estuvo toda la noche leyendo las notas que había en cada bolsa (descubrió que se llamaban death bags), enumeradas en el orden en que quería que las leyera y siguiendo las instrucciones al pie de la letra. Su madre había previsto hasta el más mínimo gesto (ahora te detienes y te fumas este cigarrillo que te he dejado justo aquí a la mitad de la bolsa del este para que entiendas lo que viví aquí contigo y sin ti, para que comprendas por qué primero no te dejaba ir y luego te dejé ir); llévale a Remedios este mechón de pelo de cuando tenías siete años, toma este cristal de ágata que guarda el espíritu de mi gata Agata, ella apareció un día, embarazada y sola y parió aquí, sobre mi cama, ella vino para ayudarme, ella también te protegió de todos los imbéciles con quienes me junté cuando dudaba y resistía los avances de las nueve entidades del orden superior. Cuando murió Agata, la madre de todos mis gatos (a los cuales no debes abandonar), Frederick recogió su espíritu y lo colocó en este cristal, llévate el cristal para que sus hijos (que te tienes que llevar) se acostumbren a la luz del trópico, colócalo en el tiesto de la sábila que Remedios siempre pone a la entrada de la casa, sobre la línea de sal que yo le enseñé a trazar para que no pasara lo malo, esas cosas que yo hacía y que tu padre biológico ni me lo entendió ni me lo perdonó nunca. Lo único que Jane le pedía que hiciera, en una de las últimas cartas que leyó, escrita en tinta amarilla sobre un papel azul turquesa que olía a mar Caribe, y que Eduardo no hizo, por temor a meterse en un lío, fue que la incinerara y se fumara sus cenizas con los pocos amigos que le quedaban en un gran aquelarre en el bosque de Concord, al lado de la casa en que había nacido hacía sesenta y dos años y yo creo, me dijo Remedios, que ella sabía que Eduardo no lo iba a hacer, que era una pequeña burla final a su hijo, que según ella, tenía un espíritu esencialmente conservador. Eduardo llegó con cajas y cajas repletas de piedras, cristales, palitos multicolores, hojas muertas, tucos de velas, pedazos de madera, tapetes bordados, todos los dibujos dibujados por él cuando era niño, caracoles del Caribe enviados por los nietos y que ahora serían devueltos al mar, dos palos de casi seis pies de alto que el tuvo que buscar después de leer la carta número seis de la bolsa del norte, que casi no se los aceptaron como equipaje en el vuelo de vuelta a Puerto Rico y que estaban destinados a ir, uno recostado al lado de la de puerta de enfrente de donde vivan y otro para la puerta de atrás, son totem poles y en ellos están escritos las vidas anteriores mías, reveladas poco a poco en los últimos años en que me he estado preparando para la gran transición; ahora prepárate un cafecito, leyó Eduardo, he dejado justo suficiente para una taza, observa el totem pole que sacaste de la esquina del armario: en la parte superior, con los colores dorado, plateado, azul y blanco he pintado mi vida de egipcia, frente a ese pozo fue cuando conocí a Remedios por primera vez, ambas recogiendo agua. Ahora observa el que sacaste de detrás del sofá de la sala, ahí estoy yo, siendo quemada por bruja en Salem, por culpa de los chismes de una vecina, ése es el verdadero origen de mi ansiedad. Los trazos violáceos y plateados son testimonio de mi única vida como hombre; es horrible ser hombre, se sufren muchas presiones, en realidad es solo una, la de aguantar la hombría y yo necesito las exploraciones de la pluralidad, por eso rehusé volver en cuerpo que no fuera de mujer. Las rayas verdes son poemas que escribí cuando mi última vida antes de ésta, me llamaba Mathilda y era escocesa. La punta llena de puntitos anaranjados fue la vida que tuve de adolescente cavernícola. Morí cuando se desplomó una cueva antes de llegar a la pubertad pero esa vida no cuenta. Eduardo, aquí te entrego mi verdadera genealogía. Lo último que sacó Eduardo de la bolsa del norte fue un papel donde había una flecha roja señalando un corazón de caracol. Buscó en el bolsillo izquierdo de la blusa morada que tenía puesta Jane y encontró un poema que él había escrito cuando tenía unos diez años, un poema largo y cursi donde él alababa la fuerza de su madre, las montañas de Nueva Hampshire y las motocicletas. Eduardo lloró silenciosamente sobre el cadáver de su madre y volvió a vivir en el transcurso de una noche toda su vida con ella, que ahora recordaba en cada objeto que ella había ocultado por toda la casa y que ahora le iba indicando en las cartas que él iba sacando y leyendo una a una. No me traje lo que le ocasionó dolor, le dijo Gustavo a Remedios, cuando regresó a la isla con las cajas, no me traje la fotografía de su madre, ella quería que yo recordara el momento que me pegó y me dejó encerrado en la casa, provocando el peregrinaje final de Jane y lo recordé; no me traje la pistolita de mi tía Judy tampoco, que todavía guardaba para que recordara el principio de su huida terrorífica, por supuesto estaba sin balas, pintada de púrpura y envuelta en mil telas negras y de pronto recordé que cuando tenía nueve años fuimos al cementerio de Everett y enterramos las balas entre dos tumbas que estaban deshabitadas de toda alma, según Jane. No me traje la envoltura de chicle de uno de los amigos de Jane, con el cual por poco se casa en su preocupación de buscarme un padre y que era un pendejo de primera que sólo sabía beber y mascar chicle y que Jane echó de su casa cuando le vio en el ombligo un ojo de mirada verde maligna, gritando en uno de sus arranques de valentía que se quedaba con la miseria que le mandaba el padre de Eduardo y lo que le daba el gobierno por loca pero que no volvía a enredarse con nadie. Nunca más se le ocurrió volver a vivir con un hombre, empezó a aceptar a Frederick y el camino trazado por el cuerpo que albergaba un alma compuesta por nueve entidades del orden superior. Nunca supe qué pensar sobre las locuras de mi madre, le dijo Eduardo a Remedios, crecí viéndola demasiado jodida para creerle todos sus cuentos y sin embargo tuvo una vida de grandes aciertos entre tanta desdicha, tú, por ejemplo, le dijo. Pagábamos el alquiler con lo que recibía del gobierno, y comíamos con lo que le mandaba mi padre, y nunca fue suficiente. No había dinero para pagar la calefacción en el invierno, ni para ropa nueva ni para nada, su depresión sólo se aliviaba cuando Frederick la visitaba hasta que después de varios años empezó a definir lo que ella llamaba su filosofía de burla a la primera vida, por otra parte necesaria para adelantar el proceso y no tener que volver a nacer en este planeta. Finalmente me pude ir sin que ella se muriera de angustia, le dijo Eduardo a Remedios, por lo menos así lo pensé porque mira esta manta hecha de retazos de telas que estuvo cosiendo desde el día que me fui hasta el día que me tropecé contigo en las calles de Río Piedras y que me dice en la carta número ocho (número del infinito, reitera) deberá ser la mortaja mía o la tuya, Remedios; la mortaja del que se vaya primero, para que se arrope en ella y espere al otro, mira qué manta más increíble, Remedios, y mira la frase que bordó en el borde: *What a long, strange, trip its been.*

--*E*sa Jane parece que estaba más loca que una cabra, dijo Leonor, mientras examinaba el contenido de las bolsas de muerte que había traído Eduardo. --La locura no es exclusividad de nosotros, rió María Luisa, copa en mano, bajo la mirada iracunda de la abuela. --Nunca me imaginé que pudiera criar a un hijo al parecer tan normal como Eduardo, hay que darle crédito, decía Isabel, lo crió contra viento y marea, no es un innombrable. --Fuese como fuese, dictaminó la abuela, ella entendió que no hay amor como el amor de madre. --Fuese como fuese, dijo María Luisa, ella se rebeló en contra de la biología, sin saberlo exactamente. --El hecho de que tú no quieras hijos, dijo Jacobo, no quiere decir que hayas ganado una batalla. --Los hombres de María Luisa son sus hijos, pensaron Leonor y Mercedes, ella, sin saberlo exactamente, los atrapa y los ayuda a irse, ella nido y tumba. --No hay nada como el amor de una madre, dijo la abuela. --¿Porque no es amor de puente? preguntaba Remedios, ¿porque es nuestro rostro sin espejo? --El hecho de que yo sea homosexual no me libera, murmura Jacobo, ¿nadie nunca podrá llamarme padre? --Mi cordón umbilical será vicario, siente Isabel, de él colgarán mis niños invisibles, imágenes de sobrinos. --Mis hombres serán mis hijos, piensa María Luisa, siempre saldré perdiendo, yo su puente para amarse, ellos mi vientre para joderme.

--¿Dónde terminarán mis hijos?, murmura Aurora, ¿Por qué no los he protegido de su padre?

--Tú necesitaste a tus dos hijos, uno vivo y uno muerto, para quererte, o sea, creerte en vida y en muerte, le dijo Frederick a Jane. --¿Toda experiencia es un rodeo? ¿Una vuelta? ¿Otra cosa? --Más o menos, Jane, más o menos.

Hasta la manta de Jane estuvo conmigo varios años. Cuando murió Remedios nadie se acordó de la manta como mortaja, salvo Leonor que ya había decidido que era una ridiculez enterrar a alguien en un paño multicolor y no dijo nada. Se la entregaron a Eduardo un tiempo después del entierro, cuando vino a visitar a la abuela con los hijos, y yo vi cómo se le nublaron los ojos y tuve la certeza, Remedios, de que pensaba en ti y no en su madre. Se abrazó a la abuela y ambos lloraron en silencio, queriéndote tanto, Remedios y todos nosotros con la angustia en la garganta, especialmente Isabel que tuvo que irse porque no podía resistir el dolor de hombre abandonado dos veces por la mujer amada, o el de una madre frente a la muerte de un hijo. Eduardo se llevó la manta y siempre la vimos sobre alguna de las camas de su casa. Después se la quedaría Josefina Jane, nombrada en honor a las dos abuelas, hasta que ella se fue a estudiar cine a Londres, ante el asombro de Isabel y Leonor que sabían muy bien la manía que Remedios le tenía al cine, opinando que era el género perfecto para convertirse en una gran tomadura de pelo, a excepción, claro, de El séptimo sello de Bergman. Para que tú veas la sorpresa que te dan los hijos, decían todos mientras nos veían ir y venir. La diáspora de la familia empezó con nosotros: los hijos de Leonor, de Remedios, de Aurora. Yo todavía estaba en España cuando Josefina fue a Londres y la fui a visitar. Ella se parece tanto a ti, Remedios, pero de una manera más callada, tiene tus grandes ojos oscuros y tus manos expresivas. Estudió cine por unos años y luego, al visitarme en Madrid en su paso de viaje por Europa, me pidió que le guardara unas cosas, incluyendo la manta de Jane, diciéndome: a mi madre no le gustaba el cine porque decía que era un género inferior y para mi padre era básicamente entretenimiento; yo los entiendo pero es también algo más, sin embargo he descubierto que no es para mí, hay demasiadas capas que hay que traspasar para llegar a una imagen perfecta y pura; por otra parte, entiendo la inmediatez que perturbaba a mi madre y he descubierto que, en mi caso, perdura aún al otro lado de la cámara. Me da vértigo. No es para mí, me dijo Josefina, implicaría una distracción que no es para mí, voy a explorar otros mundos. La vi varias veces en Europa y siempre me pedía que le continuara guardando la manta de la abuela que sólo conoció como mariposa amarilla en el suroeste de Puerto Rico. Vivió en muchos países, porque lo que hace una generación en sueños, la hace otra en acción, comentaban Mercedes y Aurora. --Pero por lo menos los hijos de Remedios no terminaron en los Estados Unidos, como los de Leonor, decía María Luisa. --Sí, pero mira dónde terminaron: Eduardito en Canadá con los pingüinos (en el norte no hay pingüinos, chica) y Josefina en París con el chileno ése que nadie conoce. --Eduardo lo conoció y le cayó bien, dice que es un tipo inteligente y bueno y ustedes saben que Eduardo siempre tuvo ojo para la gente, mira como le tenía mala espina al innombrable de María Luisa, mira como reconoció a Remedios en pleno calor de agosto. --Esa fue Remedios la que le tiró el anzuelo, déjense de vainas, dijo Leonor. --Miren cómo adivinó que Pablito no volvería a la isla ni por la novia que dejó por detrás y que no vino a visitarte sino tres años después de irse para allá fuera, Leonor. --Eso fue remordimiento de conciencia tardía de

Eduardo, saltó Leonor, que siempre defendía a su hijo, Eduardo vio a su madre dos veces en nueve años, por el amor de dios. --Dejen a Eduardo, dijo Jacobo, él tiene su dolor y su soledad bien puestos, a un ser así se le perdona todo.

Eduardo terminó ayudando a su padre puertorriqueño, ya envejecido, después de que su esposa número seis, veinte años más joven que él, se cansara de cuidarle las perennes úlceras y se fuera, llevándose a su hijo número seis. Todas las tardes iba a jugar ajedrez con él mientras charlaban sobre el futuro político de la isla. Su padre cayó muerto un buen día sobre el tablero después de llegar a la suprema conclusión de que lo que había que hacer era volverse el estado número cincuenta y uno y dedicarse a la lucha por la revolución socialista de los Estados Unidos. Eduardo lo enterró, acompañado de sus seis viudas y tres de los seis hermanastros que quedaban en la isla y por supuesto de Jacobo, que nunca se perdía un entierro y que llegó diciendo que nunca había visto tanta avaricia salir por doce ojos viudos. --La avaricia les secaba los ojos, decía Jacobo, por más que trataban no podían llorar. La herencia, que era bastante aunque había mucha viuda y mucho hijo, se repartió. Eduardo tomó su parte y le mandó la mitad a Josefina, que andaba haciendo investigaciones literario-lingüísticas con el chileno ése que nadie conocía y que se llamaba Miguel. La otra mitad se la mandó a Eduardito que estaba viviendo con una chica canadiense que todos habían conocido una vez de pasada y con la cual Leonor practicó su francés. --Eduardo era uno de esos gringos antimaterialistas que sólo puede producir un país materialista. --Es que él se crió pobre en una sociedad de opulencia. --No importa.

Finalmente, un día Eduardo se fue de Puerto Rico después de visitar la tumba de Remedios y llorar largamente, hasta que vacío de lágrimas y con una nueva paz en el rostro, vino a despedirse de los hermanos de Remedios que quedaban vivos. --A que te vas para Boston, le dijo Isabel, empeñada en buscar las simetrías. --No, le contestó él, me voy a Canadá, cerca de Eduardito y su familia. --Close enough, le dijo Isabel, padres con hijos, hijos con padres. Yo no he vuelto a ver a Eduardo desde que se fue de Puerto Rico, sí he visto a Josefina, y hace unos años le entregué la manta de Jane y se la llevó, otra vez feliz de tenerla. Todavía se parecía muchísimo a ti, Remedios, pero su mirada seria no contenía ya nada de alegría; era más bien triste, no como tu mirada alegre que contenía siempre un destello de seriedad. --Mi mirada seria no contiene ya nada de alegría, me dijo Josefina, no como la mirada alegre de mi madre que siempre contenía un destello de seriedad. --Pero no estoy triste, me dijo Josefina Jane, he descubierto para qué he nacido. He cerrado un círculo y ahora se abre otro, el definitivo. Me contó de los trabajos de investigación de ella y su compañero: ella del cine y Miguel de la literatura habían pasado a la lingüística, de la lingüística habían pasado al funcionamiento del cerebro, de ahí a la bioquímica a la fisioquímica, a la fotobioquímica. Me contó de cómo ellos habían inventado un procedimiento eminentemente sencillo para curar las enfermedades que azotaban a la humanidad y de cómo habían probado que funcionaba, en Argentina, Brasil y Chile hasta que el establecimiento médico, controlado por las compañías multinacionales, temerosas de cualquier éxito médico que le fuera a quitar sus ganancias colosales, habían lanzado una campaña de desprestigio, obligándolos a irse de Chile, donde habían empezado por los contactos familiares y profesionales de Miguel, de vuelta a París, donde vivían en un modesto apartamento comprado gracias al dinero que había recibido de su padre al morir su abuelo puertorriqueño que sólo había visto unas cuantas veces en su vida y de la cátedra de Miguel y las conferencias que daba por ahí, reconocido todavía como un experto en la literatura existencialista francesa. Ella rehusaba entrar a un recinto académico (así como Remedios había rehusado pisar una iglesia), después de haber enseñado en varias universidades había abominado del mundo de la academia y se dedicaba a traducir y a escribir. --¡Un chorro de pendejos creyéndose dueños del mundo, decía Josefina, atados al cordón umbilical del padre universidad, siguiéndolo como becerros rumbo al matadero mientras creen que son libres, que piensan por su cuenta, que hacen algo! ¡El resto del mundo se ríe a carcajadas de ellos mientras se reparten el planeta y ellos sin darse cuenta porque andan rascándose el ombligo! A Miguel lo invitaban a dar sus conferencias, de algo tenían que vivir, además hay que seguir publicando nuestros descubrimientos aunque nadie nos lleve el apunte, como dice Miguel, pero yo lo siento mucho, dijo Josefina, a mí no me cogen ni muerta en una universidad más. Ella se sentaba a tomar café en las escaleras de las facultades mientras él daba sus charlas y después los dos se perdían en las librerías, antes de montarse en su avión para regresar a París y continuar sus investigaciones. El era nueve años mayor que ella y no tenían hijos; mis libros son mis hijos, dijo Josefina, si me casé con Miguel es porque, más que nada, necesitaba un cerebro con quien dialogar. Tenemos nuestra fórmula/ patente/ diseño/ tratamiento en una caja fuerte en París, me dijo Josefina y esto es un secreto, Victoria, no se lo digas a nadie. Me preguntó por Remedios y nuestras conversaciones de hace casi veinte años. Yo le conté y le enseñé lo que tenía escrito y con todo lo que cargaba. Entonces, le entregué la manta de Jane. Ella me abrazó fuerte y me dijo --yo sé por qué mi madre te escogió a ti para hablar, por fin puedo comprenderlo y sé por qué siempre fuiste mi prima favorita. --Tú y Eduardo todavía eran muy jóvenes cuando Remedios murió, le dije. --Eso no es, Victoria, me dijo Josefina, en esta familia de incrédulos creyentes, en esta generación de peregrinos neuróticos, tú eres la que permaneces más allá, tal vez por ser una de las mayores, tienes más recuerdos, no sé, algo así, dijo Josefina, de todos modos yo no podría escribir nunca un cuento semejante, soy demasiado romántica, me dijo riéndose, he dado un rodeo gigantesco para caer en las ciencias aunque no me quieran los científicos que se han olvidado que los grandes aciertos han sido accidentes cósmicos; parafraseando lo que te dijo Remedios que le dijo Jane, confunden las verdades con las realidades y no saben que las verdades existen! me dijo enigmática y se fue con Miguel a su apartamentito en París (--dónde he terminado, Victoria, ¡qué barbaridad, entre franceses!). Nos seguimos viendo de vez en cuando a través de los años y un día me llegó un paquete con la manta y una notita de Josefina: *Después de pensarlo mucho, de dormir abrazada a ella, encendiendo velas e inciensos (que dicho sea de paso nos producen dolor de cabeza) he decidido que tú debes quedarte con esta manta. Yo me tomé una fotografía con ella. Tú tienes hijos a quienes dejársela, sólo con ver a Remedios se puede ver que es una niña que tiene "algo". Gracias por compartir conmigo tantos cuentos, tantos abrazos y haberme dado la manta aquella vez.* Una semana después me llegó una fotografía con la anotación: *¿Qué te parece? Lo interpretaré como un fantasma que me da un signo feliz, señal de que voy bien. Se está cerrando un segundo círculo y abriéndose otro, Victoria, lo que tenemos en nuestras manos es algo para lo que el mundo todavía no está preparado, es más que una cura, es una fuente, es un origen.* En la fotografía Josefina estaba de pie, con la manta sobre los hombros envolviéndole el cuerpo. Alrededor de ella, pareciendo emanar de la manta, había unos destellos azulosos y blancos. Un tiempo después me llegó otra nota de Josefina: *By the* *way*, *sabías que la frase de Jane bordada en la manta presagió por casi diez años la canción de los Grateful Dead?*

*J*osefina y Eduardito se criaron como todos nosotros, entre tíos y tías y primos y abuela pero con una diferencia: la libertad de Remedios que todos respetaban y el amor que la familia le tenía a Eduardo, que nunca sería un innombrable. --El esposo de Leonor es un gringo taciturno y aquí los gringos... decía Isabel. --A mí me cae bien Frank, me decía Remedios, tu padre es de inteligencia honesta, se oculta en sus libros pero lo sabe y no sólo lo sabe sino que lo escogió a sabiendas, como si hubiese nacido sabiendo lo que haría en esta vida, lo que necesitaba hacer. Leonor lo quiere y lo necesita como se necesita un buen sofá para sentarse después del agotamiento laberíntico de nosotros, de ella, en eso ha sido afortunada. --El esposo de Aurora es un machista controlador y los controles no se ejercen de esa manera tan burda, decía Isabel. --Pobre Aurora, me decía Remedios, ese hombre le chupará toda la vida poco a poco, se alimentará de su alegría hasta que no le quede nada de nada. No estaré aquí para verlo, me dijo Remedios, no estaré para ver muchas cosas. --Los esposos de María Luisa son un chorrete de innombrables, madre mía qué ceguera que tiene, decía Leonor. --Ustedes seguirán siendo testigos, me decía Remedios, aunque espero que liberados.

—*A* mí Eduardo me dijo que cuando vio a Remedios caminando por la avenida de Diego en Río Piedras, sintió como si unos dedos calientes le acariciaran el cuello y lo primero que pensó fue que hacía un calor horrible. --A mí me dijo que ella lo miró fijo y él quedó prendado de la oscuridad de caverna de sus ojos. --A mí me dijo que fue él quien la siguió por la calle, después de observarla de arriba a abajo. --A mí me dijo que chocaron en plena calle y a él se le cayeron los libros y un paquete recibido de su madre y de ahí al café fue un paso. Eso era lo bueno de Río Piedras, aquel chorrete de come y vetes con buen café. Eduardo y Remedios bebieron café y fumaron muchos cigarrillos entre el calor agobiante que pronto olvidaron. A Remedios le gustó el olor de geranio que le adivinó desde el primer momento alrededor de los labios. Salieron del café como a la hora y media, y fueron a su cuarto de estudiante. Ahí entre el rumor de su abanico (Eduardo tuvo que aprender que no era ventilador, como le había enseñado su maestra de español en Boston) hicieron el amor varias veces, como corresponde en un primer encuentro. Desde ese momento, Remedios iba casi todos los días a Río Piedras, y llegaba tarde o no llegaba sino hasta las seis de la mañana, cansada y feliz. Como todos vivíamos en las mismas dos calles, ya mucho antes de que lo conociéramos sabíamos que Remedios andaba con alguien nuevo. Pasaron varios meses antes de que lo trajera a conocer a la familia. Leonor pensó que era un niño romanticón pero con grandes intuiciones sobre la historia de Puerto Rico. Isabel le dijo a Remedios que era una pervertidora de menores y las dos aplaudieron alegremente. Jacobo dijo que, aunque obviamente joven (era de piel clara y lampiña y eso lo hacía parecer aún más infantil) no era nada ingenuo. María Luisa comentó lo raro que era conocer a un gringo nacido en Puerto Rico y que ese hecho podría tener grandes significancias futuras. Aurora comentó que era una dulzura, aunque más bajo que Remedios y Mercedes se limitó a decirle: --me parece que serás el primer nombrable de esta familia. La abuela, después de que él la escuchó respetuosamente serio por dos horas, a pesar de las morisquetas y los gestos de ora pro nobis que todos hacíamos a espaldas de ella, golpeándonos el pecho con el puño, lo declaró por el momento aceptable con su frase es un muchacho que parece muy sensible al amor de madre. Pero, más que nada, lo que les gustó a todos fue que no mostró sorpresa alguna ante la manía de Jacobo de interrumpir a su madre para darle la receta de un mejunje que le quitaría las pecas, para decirle que él era supervisor de inglés de las escuelas públicas de Puerto Rico pero no sabía inglés, para decirle que si vivía en uno de esos hospedajes de mala muerte de Río Piedras que tuviera cuidado con la cantidad de espíritus de monja que se le habían mostrado a muchos estudiantes varones, incitándolos sexualmente para apoderarse un rato de su sexo y gozar por ellos, para decirle que aunque él nunca había visitado Boston, era la única ciudad que le atraía de los Estados Unidos, y que había leído a todos los grandes escritores del área, desde Poe hasta Emerson y Thoreau, este último un privilegiado que podía darse el lujo de dar largos paseos pensando musarañas inteligentes y para decirle que su madre, a pesar de su empeño en intercalar frases en inglés para que Eduardo se diera cuenta de que ella lo había estudiado y lo sabía casi tan bien o mejor que él su español, había nacido tres años antes de la invasión americana, o sea, que ella era súbdita del rey de España y no tendría que rendirle pleitesía nunca jamás a los yankees.

Eduardo llevó a Remedios a conocer a su padre, ahora con su quinta esposa y su quinto hijo y Remedios le dijo con mi familia me basta. La llevó a conocer a Jane en Boston y ella le dijo aparentemente de tu madre no heredaste nada, aunque quién sabe. Remedios de pronto se encontró que llevaba mucho tiempo con él y que no estaba para nada cansada. Se encontró con que le hacía falta, descubrió que con él se sentía feliz, se dio cuenta que él habitaba un espacio donde sólo estaba él y que todos los fantasmas de hombres, incluyendo su gran amor Marcos, se difuminaban en la memoria para cederles el paso a Eduardo y a ella, por fin ella, capaz de querer a un específico sin rastros de dolor. Ella pensó que queríamos con dolor porque sentíamos que perdíamos algo muy nuestro e importante pero no definido, en cambio la rara experiencia del amor sin dolor era fuente de mundo y creación. Le agradeció a la vida este regalo y se entregó con entusiasmo a la nueva experiencia. --Es posible celebrar el dos, le dijo a María Luisa. --Es posible celebrar la falta de espejo, le dijo a Mercedes. --Es posible sentir el no ser sin desaparecer, le dijo a Aurora. Remedios se hizo cargo de Jane: la llamaba cada dos semanas y conversaba largas horas con ella, calmándola si estaba deprimida y escuchándole los cuentos de su camino hacia el blending, cuentos que a veces lograban una lucidez demoníaca fantástica que me fascinaba, me contó Remedios, era un personaje fascinante a pesar de sus jodederas y nunca me cansé de hablar con ella, me dijo Remedios. --Si no llega a ser por Remedios, dijo Maria Luisa, Eduardo hubiese tenido que regresar a Boston para quedarse, su madre era un sube y baja constante, especialmente los primeros años que Eduardo estuvo por acá y él no podía bregar. --Era Remedios quien la llamaba, nunca él, dijo Leonor, él se resistía y la verdad que por lo que oigo, puedo entenderlo. --Sí, pero de todos modos era su madre, dijo Aurora, estaba sola, era pobre, estaba luchando con una enfermedad mental y una llamada telefónica dos veces al mes no puede matar a nadie, por Dios, peor sería que ella enloqueciera totalmente.

--Remedios anda criando a su esposo, dijo Leonor, cuando llegaron un día diciendo que se habían casado y se pasaron encerrados en el apartamento de Remedios, que vivía en el mismo edificio que Isabel y su amante de turno, bebiendo ron Barrilito, que era la debilidad de Remedios para horror de su madre, hasta que se fueron a Nueva Orleáns por un capricho de Eduardo que siempre había querido ir al Mardi Gras y por allá se le quitaron las ganas de beber para siempre, para gran gusto de su madre que en el fondo bendijo desde la distancia al espíritu atormentado que había querido posesionarse de su hija embriagada, no hay mal que por bien no venga. A los dos años nació Josefina, seguida por Eduardito. Yo nunca pensé que iba a tener hijos, me dijo Remedios, porque no podía imaginarme a un padre. Nunca se me ocurrió ni con Marcos, ni aún en los momentos en que sentía que viviría toda la vida con él, cuando pensaba que sin él me moriría, ¿será eso lo que le pasa a María Luisa?, preguntó Remedios.

*T*odos estábamos bien preocupados por Eduardo cuando empezó a morirse Remedios. Siempre lo habíamos visto como un ser frágil. --La mira con mirada de cordero degollado, decía Jacobo, le tolera todas sus locuras y acepta sus decisiones sin cuestionar. --No te creas, decía Mercedes, estás con la imagen del macho latino que hace y dispone, él es más suavecito, eso es todo y no significa que sea pendejo. --Suavecito pero viril, decía Aurora. --Es por lo que tiene de gringo, decía Leonor, que sabía de esas cosas. --¿Se dan cuenta de que es casi lo opuesto al innombrable de hace unos años? decía Isabel. En lo que sí estábamos todos de acuerdo era en el amor que se le derramaba por el cuerpo cada vez que miraba a Remedios, como una crisálida permanente que todos percibíamos y por eso nos preocupaba su sufrimiento. Pero nos volveríamos a equivocar, confirmando una vez más la convicción de Leonor de que los gringos (o medio gringos) y puertorriqueños nunca llegarían a entenderse. El sufrimiento de Eduardo era un traje de lucidez y nunca lo vimos sucumbir bajo su peso, de la misma manera que no lo vimos deshacerse cuando Remedios le había dicho, en pleno arrepentimiento, que quería volver a vivir sola. María Luisa había sabido antes que nadie que Remedios lo quería dejar y trató de convencer a su hermana de lo cruel que sería eso, de lo ridículo que era eso, de que ella daría cualquier cosa por encontrar a un hombre que la quisiera como él quería a Remedios, aunque a ella le gustaban más machitos, eso sí. Pero Remedios ya había elucubrado en silencio por mucho tiempo y había llegado a su conclusión de que había que dejarlo. --Tal vez la enfermedad ya se le andaba insinuando y no lo sabía, dijo Isabel. Sea como fuere, se separaron un tiempo antes de saberse enferma, y al parecer tranquilamente. --Yo aprendí bien rápido que de Remedios se podía esperar cualquier cosa, nos dijo Eduardo mucho después, y también sabía que sus decisiones nada tenían que ver con el amor. Ellos siguieron viéndose, claro, él venía a menudo a ver a los hijos y se pasaba las tardes visitando de casa en casa a la familia que todavía lo quería. Entonces Remedios y Eduardo se sonreían, se abrazaban y se sentaban a conversar como buenos amigos, casi siempre en el balcón de la casa de María Luisa o la de Leonor, que estaban a la par la una de la otra, frente al apartamento de Remedios y que en cuanto a los jardines eran totalmente opuestas: el cuidado meticuloso de María Luisa, el arreglo ordenado de las plantas y las flores de su jardín, contrastaban con la jungla desordenada de la casa de Leonor. Remedios decía que eran reflejos exactamente opuestos de sus dueñas y cuando sentía a Leonor particularmente rígida en sus observaciones, la llevaba al balcón de al lado y vice versa, cuando María Luisa se agitaba demasiado, la llevaba al balcón de Leonor, para conversar frente a la maraña de helechos, árboles de higuera y crotos, amenazados constantemente por el cohitre, el moriviví, las julietas y los romeos. --Explícame qué clase de separación es ésta, decía Leonor, si se pasa por aquí metido y hasta pasa noches con Remedios. --Déjalos, decía Jacobo, que padezcan su felicidad como quieran.

*T*odos pensaban que me quedé en la isla por Remedios y Remedios siempre pensó que me ayudaba a poner distancia entre los reclamos de mi madre y yo, piensa Eduardo. ¿Tendrían razón? ¿Me hubiera ido si no hubiera vuelto a nacer con Remedios o me hubiera quedado en esta isla que me encantó desde el comienzo? Especialmente la alegría y la bondad de su gente, la belleza de sus mujeres, la comida que me cautivó, desde la primera media noche que me comí en Río Piedras hasta los pasteles de navidad, las serenatas, el arroz con habichuelas (Eduardo aprendió que la palabra era habichuelas y no frijoles como le había enseñado su profesora de español en Boston), los asopaos, las alcapurrias, los piononos, toda la flora y la fauna culinaria que Jacobo se complacía en cocinarnos casi a diario porque a Remedios le fastidiaba la obligación de cocinar, yo que me había criado a pura comida de lata porque para Jane definitivamente eso de cocinar era un misterio, un unsurmountable obstacle de la realidad. No sé, a mí la isla me encantó y me sigue encantando, a pesar de tanto cambio, a pesar de que haya abrazado el caos, como dice Leonor. Es cierto que la distancia (física, cultural, de idioma) me ayudaba a no pensar en mi madre, especialmente los primeros años. Pensar en ella me producía dolor, culpa y más que nada ahogo, no el dulce ahogo que sentía cuando me sumergía en el olor de Luz Remedios, mi Luz remedio de mis angustias, sino el ahogo de una vida pasada y dura que yo quería olvidar. Y sin embargo había vuelto a la isla en que mi madre estuvo, de pasada, en una de sus grandes y furtivas huidas hacía tanto tiempo. Ella siempre me había hablado, cuando el invierno azotaba y no había dinero para pagar la calefacción y nos acurrucábamos frente a la estufa que encendíamos por quince minutos (Eduardo aprendió que la palabra era estufa y no cocina) de las playas del suroeste de la isla pero sin embargo yo la coloqué mentalmente en el Yunque, cuando finalmente lo conocí. Era allí donde me la imaginaba, perdida como un duende en el misterio del bosque, más que en la claridad de la playa. La colocaba allí para recordarla cuando iba de vez en cuando a escalar monte, allá en los tiempos en que ciertas partes del Yunque y el Verde eran lugares solitarios y poco visitados. Jane adoraba a Remedios, decía que ella la comprendía y la verdad es que Remedios siempre sabía de lo que estaba hablando, sus incoherencias siempre contienen una lógica férrea, me decía Remedios, lo que pasa es que tú estás atado a ella por tu niñez, tienes el tapujo mental de la intransigencia innata a las relaciones biológicas, decía Remedios. Cuando murió mi madre, Remedios y yo fuimos al Yunque y a la playa para tirar las cenizas que me quedaban y que ella me había dicho llevara a Puerto Rico, lugar donde había confirmado contundentemente la existencia de los nueve seres de orden superior. Quiso que tirara cenizas en el balcón de su casa en Boston para anunciarle a las almas peligrosas de sus vecinos que ella se iba pero que no por eso se sintieran libres de hacer y deshacer, además de que sentiría un placer perverso (me escribió en uno de los papeles de la bolsa del norte), en saber que una pizquita podría caerle en el pelo a uno de sus vecinos, metérsele por la nariz a otro o simplemente incrustársele en el zapato previo entrada a la casa. Yo no podía tirar sus restos en todos los lugares que ella quería porque no me alcanzarían, pero eso no impidió que ella me dejara una larga lista, por si acaso no te atreves a fumarme, me escribió en uno de los papeles de la bolsa del sur. Quiso que tirara cenizas en el bosque de Maine donde se había acostado con Frederick, haciéndome su hijo espiritual, quiso que tirara cenizas en el Boston Harbor, en Concord, y alrededor de la casa del Frederick de carne y hueso, quien nunca me dijo absolutamente nada sobre esa vida que él llevaba con mi madre pero quien me ayudó con los preparativos necesarios para su cremación y se me mostró como siempre: un hombre de negocios normal, con esposa y dos hijos, que era amigo de Jane desde la adolescencia allá por Concord y con quien siempre había mantenido contacto. Era él quien nos cambiaba los cheques recibidos de mi padre de Puerto Rico y luego del Seguro Social en Boston, Jane rehusaba tener cuenta de banco, era entregarle demasiada información al mundo. Luego, cuando me fui para Puerto Rico, sería él quien vendría a visitarla, llevándola a la tienda o al veterinario de sus gatos. Cuando Remedios y Jane se hicieron amigas, Remedios continuó mandándole el dinero que mi padre dejó de mandar al yo venir acá y era Remedios quien la llamaba, mucho más que yo.

*N*osotros siempre pensamos que Eduardo se quedó en Puerto Rico porque conoció a Remedios, se quedó por ella cuando ella lo dejó y se quedó por ella cuando ella murió. ¿Sabías, Eduardo, que Remedios no podía salir de la isla? ¿Que Puerto Rico era una familia, la familia Dávila? ¿Cuándo lo comprendiste? Primero dijiste que te había gustado tanto la isla que entendías el nacionalismo exorbitante de Isabel y compartías el compromiso político de tu padre. Eduardo fue el único que apoyó el que sus hijos se fueran de Puerto Rico, el que todos nos empezáramos a ir. Recuerdo que cuando por fin anuncié que me iba, Eduardo fue el único que me dijo qué bueno que te vas a España, Victoria, es bueno salir de los lugares de origen. Después de la muerte de Remedios, con esa tristeza profunda que se le salía por los ojos donde antes se le había salido el amor, después de cuidar a su padre hasta su muerte (--grandísima ironía, dijo Isabel, que ya empezaba a resentirle el que fuera en el fondo un gringo como el esposo de Leonor), él se fue también, optando por Canadá, donde estaba Eduardito, diciendo que ya se estaba poniendo demasiado viejo para dar tumbos como Josefina de hemisferio en hemisferio. La familia recibió una que otra postal a través de los años, que siempre parecía llegar a los dos días de uno de nosotros haberse muerto y donde decía que estaba bien y se quejaba del frío. Siempre fue un ser medio enigmático para mí, Remedios, pero yo y mis hermanos y mis primos lo queríamos mucho porque era hablador e inventivo pero sin las ansiedades que siempre consumían las locuras de los otros tíos, y te adoraba y parecía feliz, sin ese ansioso pesar que circulaba alrededor de los otros tíos y tías. Nunca le habíamos visto un gesto de neurosis o malhumor, a pesar del cuento de Isabel de que ella lo había visto darle un puñetazo a una puerta y encerrarse en su cuarto por dos días después de que Remedios le pidiera que llamara a su madre por dios, que llevaba seis meses sin contactarla.

Remedios, Remedios, cuánto te amé, cómo me dejé perder en mi amor, definido para siempre por ti. Fuiste mi vida y fuiste mi amor, nunca antes amé ni amaré a nadie como a ti, me ataste a tu lado con la dulzura de tu inteligencia loca, me obligaste a quererte, me pediste que te siguiera y lo hice, me pediste que te entendiera y busqué entenderte, aún cuando llegaste a tu edad de los arrepentimientos y me pediste que te dejara sola, aún ahí casi te entendí, casi. ¿Por qué lloraste (la primera vez que te vi llorar) a los tres meses de habernos conocido, cuando te dije que te amaba tanto que me dolía, dime, muerta querida, por qué? ¿Por qué tenías esa manera de hacer el amor, obligándome a quererte, a pensarte, a desearte? ¿Por qué tuviste tus hijos conmigo y luego te moriste, dejándomelos marcados por tu presencia para siempre, recordándome tu ausencia para siempre? ¿Por qué me interrumpiste el camino aquel día (maravilloso día, glorioso día, incapaz de concebir mi vida de otra manera día) en Río Piedras? Yo sentí una mano caliente y suave que me estrangulaba dulcemente y pensé que era el calor; te miré y quedé prendado de la oscuridad de caverna de tus ojos negros; no pude dejar de seguirte cuando te divisé deambulando por las calles con tu andar ausente; recuerdo cuando chocamos en plena calle y se me cayeron los libros y el paquete que traía y de ahí al café fue un paso. Remedios, Remedios, me estabas pidiendo que te quisiera y era tan fácil adorarte, tan fácil querer a una mujer libre y bella pero lo que no supe entonces y vine a saber después era lo fácil que se me hizo querer a una mujer tan terriblemente diferente a sí misma. Sí, Victoria, ¿lo sospechas? Tan monstruosamente diferente a sí misma que no podía ser sino ella: sobre nuestros cuerpos entregados, sobre mi vida entregada, se erguía esta mujer reclamando comprensión, Victoria y yo comprendí que era el único que podía quererla como ella quería que la quisieran. Ella me había maniatado dulcemente como tal vez otro le había hecho a ella no tan dulcemente, pero yo no era ella, yo nunca me iría de su lado, especialmente cuando vino a morirse, casi de repente, antes de que pudiéramos seguir padeciendo nuestra felicidad. Sufrí cuando me dijo que quería estar sola pero yo sabía que estaríamos siempre juntos, sufrí cuando me decía que para quererme tenía que dejarme pero yo sabía que siempre estaríamos juntos. Sufría cuando la escuchaba murmurar mientras regaba sus helechos: es necesario, es necesario, es necesario. Después de su muerte su voz de cascabel dulce entraría para siempre en mi cráneo porque, Remedios, me señalaste con tu espíritu y me marcaste con tu vientre, dándome dos hijos que ni tan siquiera había pedido, dos hijos que me hicieron vivir algo que no había pedido: el miedo y la fuerza de la paternidad, el miedo de reconocerme en ellos, el vivir la lucha contra la necesidad de controlarlos para que no suframos el miedo de vernos. Yo no quería eso, no había pedido eso y sin embargo ahí están y tú te fuiste.

--Esa era una pareja dispareja, dijo Leonor.

--En realidad, decía Isabel, Remedios y nosotros fuimos quienes criamos a sus hijos, él los quería mucho, sí, pero siempre como medio de lejitos, ¿recuerdan? --Cuando no estaba trabajando, andaba con algún proyecto, otro artista frustrado, dice Leonor, lo que le faltaba a esta familia, ¿Recuerdan cuando le dio con hacer esculturas de porquerías que recogía de la basura? Eduardo les llamaba objetos encontrados, llegaba cargando con tuercas y tornillos mohosos, pedazos de plástico, de madera o de goma de carro (Eduardo descubrió que se decían gomas, no llantas ni neumáticos como le habían enseñado). --Toda la chatarrería que se encontraba por la calle, en este país de cochinos que lo que hacen es tirar basura por todas partes y cortar árboles, decía Mercedita que, al igual que su novio, era ahora ecologista, vegetariana, defensora del manatí y de las ballenas, de la Parguera, que poco le quedaba para ser destruida totalmente frente a las hordas de blanquitos con sus casas de campo y los lumpens con sus botes de fondo de cristal por los cuales ya era imposible distinguir nada.

--Lo único que me faltaba, decía Jacobo, que me critiquen mis bacalaítos fritos diciéndome que como eran comida para esclavos son pura manteca y me traigan un pedazo de tofu, esa especie de tembleque desabrido y malsano, esa Mercedita va a terminar mal con el innombrable que tampoco la trata muy bien, ella que ha sufrido al innombrable de su padre (carnívoro, mujeriego, constructor de petroquímicas) --¿Recuerdan cuando Eduardo llegó cargando con unas maderas y pedazos de latas mohosas que se encontró flotando en el río Loíza, a donde Jacobo lo llevaba hasta el día en que se le cayeron los dientes al río después de estornudar mientras recitaba a toda boca Río grande de Loíza alárgate en mis venas? --Ese es uno de los cuentos de Jacobo, decía Leonor, los dientes se le cayeron por el inodoro cuando vomitaba una de sus borracheras antes de que se metiera en los alcohólicos anónimos. --Eduardo llegaba con cabezas de maniquí que aterrorizaban a la pobre Josefina porque creía que iban a salir flotando por la casa a media noche, decía Isabel, llegaba con sombrillas rotas, pedazos de tubos, hasta un par de zapatos viejos. --Ahí fue cuando Remedios le dijo eso sí que no, zapatos de muertos, ¡no! --Llegaba con trozos de tubos, discos inservibles, bombillas fundidas de las cuales iba a construir una serie de insectos con alambre y alas hechas de hojas de árbol de guineo (Eduardo aprendió que se decía guineo y no plátano o banana) y colocarlos por el mundo para imaginarse su destino, --Esos insectos sí los hizo, se llamaban Viajeros a Itaca, recuerda Aurora, se llevó a Josefina y a Eduardito por toda la isla y los soltó por ahí. --Sigue siendo littering, dice Mercedita. --Llegaba con cajas de madera desvencijadas, maletas llenas de musgo, bicicletas rotas. --¿Recuerdan la cantidad de bicicletas mohosas y rotas que guardaba en el garaje de Leonor y que todavía están ahí, detrás de las cajas de discos inservibles que tampoco le cabían en su apartamento? --Desarrolló teorías sobre la importancia de sus found objects, esos deshechos de la humanidad, pero nunca hizo nada realmente sino volvernos locos pidiéndonos que le guardáramos esas porquerías. --Era compulsivo como un puritano perdido y soñador como un puertorriqueño perdido, decía Jacobo. --Lo mejor que hizo fueron aquellas fotografías que tomó en el Viejo San Juan con todos los derelictos, admitió Leonor con el tiempo, las fotos que le tomó a ese chorrete de atómicos que se sentaban en las murallas y se orinaban en las esquinas de esa ciudad tan linda pero tan apestosa. A cada uno le entregó un objeto encontrado y les tomó fotografías bajo el título Lost and Found, les pagó con canecas de ron que luego se bebía con ellos, esos días llegaba dando tumbos y bien contento, con los rollos de película que estuvieron por ahí hasta que Remedios las mandó a revelar. --¿Dónde están esas fotos? Nadie sabe, a lo mejor se las llevó. --Si alguien las encuentra, dénselas a Victoria. --Creo que se las llevó Eduardito, tú sabes que le encanta la fotografía. --Desde ese día, cada vez que iba al Viejo San Juan, era saludado con gran alegría por aquella caterva de borrachos, bendito. --Eduardo vino a ocuparse de los hijos cuando murió Remedios, y para ese entonces estaban criados, como quien dice, Josefina ya tenía quince años. --Mejor así, decía Isabel, los hombres no saben criar. --No seas tan tajante, decía María Luisa, mira a Rafael cómo quiere a Mercedita --¿Cómo quiere a Mercedita? gritaban espantadas Isabel y Leonor, si la pobre está traumatizada con tanta orden y tanta mierda! --¡Y qué me dices del innombrable padre de Javier, que no sacaba las narices de lo que hacía o no hacía su hijo! --¡Y que me dices de Aurora, que se hace de la vista gorda mientras el cabrón ése jode a sus hijos y busca desarraigar todo lo del lado de acá cuando lo de la genética es un cincuentacincuenta pero la cultura es todo, todo! se exaltaba Jacobo. --Yo no sé si eso de que la cultura es todo sea cierto, todos terminaron yéndose, tanto padre innombrable y sin embargo, fíjense: los hijos de Leonor en los Estados Unidos, los de Remedios en Canadá y en París, los de Aurora en Colombia y México, la única que está aquí, Mercedita, anda de sicoanalista en sicoanalista, preñada por el innombrable después de un viaje de solidaridad a Vieques. --Fue viaje ecológico a Mona. --¡Qué jodidas vueltas da la vida, carajo! --¡Qué falta nos hace Remedios, coño! Comentarios así hacían caer a la familia en uno de sus raros silencios hasta que alguien, usualmente Leonor, decía algo, cambiando el tema y todos, agradecidos, nos sumergíamos en el malabarismo de las palabras, hablando al mismo tiempo con gran estruendo, porque había que olvidar por un rato que nos iríamos, había que olvidar por un rato que nos quedaríamos. Y entonces era la historia, la colonia, el desempleo, la condición de isla, el horizonte, la canoa de los caribes, el brincoteo de isla en isla, la última huelga, el bruto del vecino don Arturo mojón duro capitán de los canguros que cortó el árbol de tamarindo dulce, la vida de Remedios que tanta falta hace especialmente ahora que María Luisa, que Mercedita, que Jacobo.

$\mathcal{R}$emedios, tú me dijiste te amo porque no me hieres el alma, te amo porque soy lo que soy contigo, te amo porque no interfieres en mi espíritu sino para traerle alegría, piensa Eduardo. --¿Me amas porque te amo? --No, te amo porque me amas como me amas y yo amo esa manera de amar. Tenías razón, Remedios, te amaba leal y profundamente y todavía te amo. Tú eras una ciudad inconquistable, yo no tenía espíritu de conquistador y esto me lo agradecías. Eras un recinto al cual yo también podía entrar, tranquilo y confiado, sabiendo que eras demasiado honesta como para dejarme ahí perdido. Me quedé con nuestros hijos en Puerto Rico hasta que les tocó irse. Primero se fue Josefina, siguiendo a los primos que se iban yendo, cruzando la primera puerta abierta por tu sobrina predilecta, después fue Eduardito, tan callado y contento como siempre; desde que nació ya tú advertiste que su ser era una bolita de energía tranquilizante y tranquilizadora. La que más tumbos dará será Josefina, dijiste, pero hará grandes cosas para este mundo. Josefina tiene tus ojos y mis manos, Eduardito tiene mis ojos y tus manos, eres un recuerdo accesible y a la vez enigmático para ellos, ellos que te vivieron junto a tu familia que también se va yendo ahora, siguiendo la ruta tuya, acompañándote frente al mar, mi amor. Tus hijos tienen tu alegría de vivir, tu fuerza y también mi tenacidad. Comprendí tantas cosas después de tu muerte, Remedios, acaso a destiempo, no sé; tienes que matar a tu madre, me dijiste un día en que estabas enojada por algo, tienes que matarla, la negación o la evasión son insultos a la vida, me dijiste, es preciso matarla para que te reconozcas en ella, ¿comprendes? ¿Eso es lo que tú has hecho?, te respondí, furioso, ¿eso es lo que tú y tus hermanos han hecho, por eso viven todos aquí juntos en las mismas dos calles, girando alrededor de su madre y volviéndose locos los unos a los otros? Me miraste con esa mirada fulminante que sólo tú eras capaz de producir y te fuiste en silencio a alguno de los balcones de tus hermanas, no recuerdo cual. Más tarde, al abrazarnos, porque nuestras disputas no duraban mucho, en parte porque se nos olvidaba que estábamos enojados cuando volvíamos a vernos, yo traté de decirte que creí entenderte pero me dijiste no, corramos un tupido velo y murmuraste no entiendes, Eduardo, no entiendes pero no importa.

Me pregunto si había un tormento agazapado debajo de la energía alegre de Remedios. Cuando moría, mientras decía y desdecía su vida, mientras me contaba por qué dejaba a sus amores, por qué nunca se fue definitivamente, por qué seguía queriendo con tanta fuerza a una familia con tanto perdido, los que se asomaban a diario a verla, queriendo cuidarla; los que salían traducidos en cuentos y anécdotas cuando me hablaba, cuentos que salían de su boca mojando las sábanas que había que cambiarle cada día para engañar al olor de la muerte que iba apagando su vida. Yo la miraba, la escuchaba y me preguntaba por su dolor, por lo que yacía detrás de sus palabras, si es que había algo que no fuera la muerte lenta e inexorable del cuerpo, algún otro dolor capaz de hacer que la muerte instalándose en un cuerpo de alguna manera ocupe un segundo lugar, no sé, acá las palabras, allá el cuerpo que se va muriendo y entre los dos otro dolor, explicación, pregunta, vida, posibilidad. O quizás es ahora cuando me lo pregunto, porque de alguna manera ella sabía mientras yacía entre las almohadas que la incorporaban en la cama, entre sus helechos y el incienso, que yo sólo escucharía sus palabras y sus silencios serían ausencia de palabras y nada más; que yo vería lo que ella quería que viera, su cuerpo que moría llenando de vida sus palabras, habitando sus silencios. Creo recordar, aunque en aquellos momentos yo quería irme y me dolía que se muriera, que sentí el leve tormento de Remedios, una duda ligera que no cargaba con la cadena de una respuesta o un cuento porque apenas se percibía; no existía como sensación sino aviso; no existía como pensamiento sino señal; no existía como explicación sino como destello de un motivo; no sé, algo así. No su arrepentimiento, otra cosa. Y ocurría cuando hablaba de Eduardo, específicamente ahí. ¿Sería ése el eje desconocido para ella de su arrepentimiento, el gran provocador? ¿Podría ser todo una cuestión de miedo? ¿Es posible vivir una vida plena, completa, sabia, vivir una muerte a sabiendas como ella, abrazarla de frente, rodearla de palabras, explicarla, saberse de la manera en que parecía saberse, completando una vuelta (la suya) avisando las otras (las nuestras, aún la de Ignacio que me anda buscando) y que la vibración primera sea miedo? ¿Es posible que la duda nunca pueda liberarse de la explicación sobre la cual se apoya? ¿Es posible que de toda su familia, su madre la abuela, su padre el abuelo, sus hermanas Leonor, Aurora, María Luisa e Isabel, sus hermanos Jacobo y Gustavo, la prima Mercedes, el primo Javier, ella fuera la única que tuvo éxito en lo que parecía ser la vocación de la familia de crearse personajes perfectos de sí mismos? ¿Escribirse en la vida pero no como lo había hecho Jane, con la idea de recordar su intención antes de nacer para llevar a cabo lo que le tocaba sino todo lo contrario? ¿Crear una vida que girara alrededor de la intención original, por así decirlo, pero que fuera nueva, única, diferente, diferente a sí misma? ¿Y que por eso se muriera como murió, no con la valentía que decían las tías abuelas sino contenta, perversamente contenta, de que se cerraba su vida como se pone punto final a un cuento o se firma un cuadro y ella lo había logrado solita, sin tener que adentrarse, padecer, reconocer el miedo? Sin embargo, todo esto me lo pregunto ahora, lo que recuerdo ahora viene cargando con todo lo que ha pasado desde el día de su muerte, lo que escribo ahora señala hacia palabras que escuché, escribí a la carrera mientras me iba, traducciones de un original imposible. Origen. Lo siento, Remedios, los recuerdos son contaminaciones, cajitas superpuestas, dibujos encontrados. Remedios es el origen de este cuento que yo he llevado dentro tantos años, eso sí. Sin embargo algo me dice que todo esto que me pregunto ella lo sabía, y acaso ésa era tu desgracia, tía y por eso le diste la bienvenida a la muerte, que todo de alguna manera lo sabías, desde siempre y no podías escaparte de ti misma, nunca.

Remedios y Eduardo recogieron una vez a Ignacio que huía de las intransigencias de su padre y la debilidad de su madre, quien nunca pudo defender a sus hijos, la pobre, me contó Remedios. Tú no te acuerdas mucho porque tendrías unos once años e Ignacio trece. Ya se le salía el plumero y el padre, oliéndose que su hijo mayor sería homosexual, se volvió feroz. Irrumpió en su cuarto y le rompió todos los dibujos, todas las tintas que él hacía con los materiales que le regalaba Leonor. Ignacio corrió a mi casa y me abrazó gimiendo, me contó Remedios, odio a ese hombre, me dijo, y a mi madre también, por ciega y cobarde. Ahí fue cuando Leonor, Eduardo y yo decidimos que Ignacio se quedaría con nosotros un tiempito. Y se jodió Ignacio padre porque le dijimos lo sentimos mucho, este niño está pasando por una crisis y necesita ayuda. Yo lo dejé pintar, Eduardo se lo llevó a pasear con sus atómicos al Viejo San Juan y juntos hablaron sobre arte, vida y sabe dios qué más. Eduardito y Josefina adoraban a su primo grande y hasta nos escapamos con él a Cabo Rojo una de las veces que fuimos a ver a Jane vía mariposas amarillas. Ignacio es un ser especial, me dijo Remedios, su arte será su escape, su liberación, su lenguaje. Cada lienzo será una exploración más a los enigmas de su vida y ¿sabes? Encontrará. Allí donde otros sólo dan vueltas, ahogados por sus circunstancias y otros simplemente confirman, él encontrará, me dijo Remedios, igual que tú, Victoria. Te quedaste seria después de decirme eso, Remedios, ¿por qué? ¿Porque tú lo que hacías era confirmar y para ti eso no era vivir?

*C*uando yo conocí a Edward pensé en Eduardo, al que continué viendo de vez en cuando al viajar a la isla, antes de que se fuera a Canadá con Eduardito. Recordé a Remedios y a Eduardo charlando en el balcón de la casa rosada de Leonor, aspirando el olor a nísperos podridos que llegaba con las brisas, escuchando los murciélagos debatiéndose entre las ramas hasta largas horas de la noche. --Ya se habían dizque separado, decía Leonor, pero ahí estaban, viéndose casi a diario, for heaven's sake. Yo me percataba de aquella mirada medio de angustia medio de pregunta que Remedios le lanzaba a las siluetas que pasaban por las calles, a ver si lo divisaba, ¿no?, a su Eduardo. Mucho después, cuando yo vine a estudiar a Boston y Edward y yo nos miramos y nos reconocimos en la calle, cuando lo oí respirar a mi lado, como ahora, conecté los nombres y me pareció que vivía en uno de tus cuentos, Remedios; la simetría se amplió casi siniestramente cuando terminamos en Nueva Orleáns donde todavía estamos, cuando me encontré en la calle Milán buscando el guest house donde te tomaste la fotografía con el fantasma enfrente del piano y encontré el piano, tal y como lo describiste. Aquí en esta ciudad donde el tiempo está detenido en los objetos. Nos quedamos en el green room como tú y ahí estaba el piano pero esta vez no hubo fantasma en la fotografía que Edward me tomó, aunque sí tuve la certeza de que aceptaríamos el trabajo que se nos ofrecía y de que tendríamos otro hijo. Recuerdo que fue María

Luisa la que me había entregado la fotografía tuya con el espíritu de Nueva Orleáns, tú se la habías dado para ver si la convencías de que dejara de beber tanto vino, pero ella nunca te hizo caso. --Nadie aprende en cabeza ajena, te dijo, a mí mi vinito me viene bien, yo no soy tú, a mí ni las ánimas me quieren. En una de mis visitas a Puerto Rico María Luisa me entregó la fotografía: --Tómala Victoria, ponla junto con las cosas que recoges de esta familia deshecha, no vaya a desaparecer o quemarse o algo así me dijo y recuerdo mi estremecimiento profundo cuando seis meses más tarde murió en aquel fuego horrible que quemó su casa, que siempre llenaba de flores, provocando el eterno comentario de Leonor aquí lo que falta es un muerto. --A María Luisa le entraba pánico pensar en morir comida por los gusanos, terminó diciendo Isabel. --Por lo menos esa desgracia no la tuvo, se consoló Mercedes. --María Luisa se autoconsumió, sentenció Leonor, así siempre vivió, recuerden lo que decía Remedios, la que mejor la entendió de todos, incluyendo a su propia madre que no le perdonó la debilidad de haber heredado el alcoholismo de su padre. La fotografía de Remedios en Nueva Orleáns estaba medio maltrecha de tanto manoseo (había que buscársela a la abuela cada vez que daba uno de sus discursos anti alcohol) pero ahí se veía la neblina sobre su rostro de ojos grandes. Ella me había contado que ni se acordaba de habérsela tomado pero que al otro día, al bajar a desayunar a aquel comedor lleno de antigüedades (puro modernismo, Victoria) había conocido al esposo de la dueña y al darle la mano, un golpe de aire frío la había azotado en pleno corazón. Esa noche no bebió y disfrutó lo que duró del Mardi Gras sobria, yo y los niños de la ciudad éramos los únicos sobrios, me decía, y regresaba a su habitación arrastrando a Eduardo y con las antenas bien puestas, pero no sintió más que una onda de dolor que parecía emanar de debajo de las escaleras de la entrada. Aquí hay un muerto enterrado le dijo a Eduardo. Cuando revelaron la fotografía y se vio rodeada de aquella figura nebulosa, reconfirmó su primera intuición y ya no bebió más.

*A*hora yo vivo en la ciudad de uno de sus cuentos, con Edward; aquí la recuerdo y me acerco a ella desde sus palabras de hace tantos años. Ahora mismo acaba de pasarme uno de esos momentos de coágulo, diría un creyente: me desperté con ganas de fumar y le pregunté a Edward que dormía a mi lado --¿Dónde están los cigarrillos? Dormido me contestó: --los tiene Victoria. --Yo soy Victoria y no sé dónde están, por eso te pregunto, le respondí, y él: --hay dos Victorias, sabes, los tiene la otra. Los busqué pero no los encontré, además de que dije que no fumaría más, carajo, lo miré detenidamente mientras dormía, con su rostro sereno y dulce. Me acordé de Remedios y de Eduardo, me dio con ponerme a buscar por las gavetas del escritorio, las tablillas del armario, recoger todas las carpetas y libretas amarillentas de la familia que he guardado y que nunca he podido tirar y me puse a leer, reservando para lo último mis viejas anotaciones sobre Remedios, los cuentos que me hiciste, tía, hace tantos años. Empecé con tres: primero leí la colección de poemas del tío Jacobo, titulada *Cabezas de oro*, poemas de soledad de homosexual de esa generación, que me entregó Isabel después de su muerte. Recordé cuando Remedios y Eduardo tuvieron que salir corriendo a uno de sus muchos apartamentos (siempre lo echaban por alborotoso y bebedor) a las cuatro de la mañana porque la había llamado diciéndole --acabo de tomarme un frasco de pastillas y llamé para despedirme. Lo encontraron desnudo, borracho, tirado en su diván rojo, con la Traviata a todo lo que da *(Dite a la giovine cual bella e pura que hay una vitima de sua fortuna)* y les dijo era mentira, estaba solo, necesitado de compañía. Remedios se puso furiosa pero entre ella y Eduardo lo acostaron y se quedaron charlando hasta la hora del desayuno. Esos fueron sus momentos más trágicos y también más sublimes, ¿verdad? decía Remedios. Después de ese incidente la familia decidió que, después de llevarlo a rastras a un centro de desintoxicación y amenazarlo con excomulgarlo de la familia para siempre, él debería vivir con la abuela, a quien Leonor tenía que sacar de su casa porque Frank, tan tranquilo y distante ya había dicho que nine years of this constant shit is enough! Pobre Jacobo, murmuraba Remedios, subsumido en la tragedia de ser un homosexual de una generación de hipócritas, no aceptado por el padre porque era homosexual, no aceptado por la madre por ser hombre (--heredero de la perversidad del padre, añade Isabel silenciosamente).

--Pobre Jacobo, quería amar y tuvo que conformarse con purgar la culpa de haber nacido diferente, la bebida lo destruyó pero ¿qué más tenía? piensa María Luisa, ¿qué más se tiene? mientras ella se sirve otro vinito. Remedios me contó cómo esa noche, ella y Eduardo lo acostaron y se dedicaron a limpiar los vómitos que había por todas partes, los orines que desbordaban los floreros llenos de mosquitos. Abrimos el freezer, contaba Eduardo (que había aprendido que no se decía congelador) y ahí había cientos de nombres escritos en papeles pegados en la puerta, otros en papelitos congelados en las cubetas de hielo. Jacobo nos dijo que eran sus enemigos y los más peligrosos los congelaba en vinagre, en unos vasitos azules alineados al fondo del freezer. --Por qué has congelado al papa, si no lo conoces y no te ha hecho nada? --Por si acaso. --¿Por qué has congelado al gobernador si hasta votaste por él? --Por si acaso, y voté por él para distraerlos de tanto independentista que hay en la familia. --Pero el voto es secreto. --Te crees tú. Fue Jacobo quien descubrió el origen converso de la familia y era él quien enumeraba los antecesores que habían sido homosexuales: --el tatarabuelo Eustaquio era homosexual, no hay nada más que leer estas cartas a su amigo en España, que yo guardo aquí (dénselas a Victoria), y su hijo Jacobo salió homosexual y su sobrino Guillermito (lo mandaron a estudiar afuera, quisieron que se quedara en Nueva York, le decían la mujer de fuego) y yo, Javier, Isabel y ahora Ignacio y así sucesivamente, ¡somos una familia de invertidos ilustres! Temeroso de morir de SIDA, especialmente después de la muerte de Javier, que hasta había rehusado ir con él a las oscuridades del Lorraine y mira lo que le pasó; Jacobo se preparaba unos mejunjes espantosos que según Leonor terminarían matándole el estómago, de sábila, agua con ron, azúcar y yerba buena y que había que beberse dos veces al día, cara al sol. Terminó sustituyendo el ron por maví cuando se metió a los alcohólicos anónimos pero eso no fue hasta después de su última caída en las garras del alcohol. Ya se había mudado con la abuela cuando se fue de parranda con un anónimo que le gustaba. Al llegar dando tumbos y encontrarse a la madre sentada con su cara de pocos amigos, Jacobo le gritó cuando te mueras voy a cortarte en pedacitos y colocarte en las tablillas del librero, ahí justo al lado del libro *Los que murieron en la horca*, (Historia del crimen, juicio y ajusticiamientos de los que en Puerto Rico murieron en la horca desde las Partidas Sediciosas a Pascual Ramos)! Nuevamente se movilizaron las fuerzas del bien de la familia y lo convencieron/ obligaron bajo amenaza de excomulgarlo del clan. De ahí hasta su muerte se controló aunque ya los estragos de tanta borrachera estaban presentes en su cuerpo. Y la familia respiró hondo porque le tocaría a Jacobo cargar con el día a día de la abuela, que paulatinamente se volvía más y más ciega. Jacobo era quien iba a todos los entierros, todas las bodas y todos los bautizos; entraba con la misma determinación con la que Remedios se quedaba fuera. Jacobo era el único que iba a misa en semana santa con las tías más viejas de la familia y quien guardaba un misal repleto de recordatorios de cuanto muerto había. Era fanático de entierros y velorios y era el que guardaba la historia de la familia inmediata y lejana en su cabeza, la historia que nunca escribió y que terminaría muriendo con él. Iba a todos los velorios a hablarle a los familiares sobre la familia, todos lo esperaban, (--siempre me están esperando agolpados a la expectativa) y le hacían preguntas como si consultaran una enciclopedia. --Yo tengo mis dudas de mucho de lo que dice Jacobo, decía Leonor. --Qué importa si suena bien, decía María Luisa, a quien no le interesaban los cuentos de genealogías, lo mucho que se divierte él informando y los demás escuchando a quien consideran una eminencia. Jacobo hilaba nombres a nombres, hermanos a primos a tíos a abuelos a nietos a esposos a esposas; tejía apellidos a apellidos, y todos se lo agradecían tanto; en los velorios él era el rey, con él todos podían participar del muerto, ya sea por parentesco o anécdota. --Creo que lo que no sabía se lo inventaba, decía María Luisa, y quién se lo iba a cuestionar a él, si era el que más sabía, el que había anotado minuciosamente en su cerebro la información que para él era el juego que lo conectaba al mundo. Todos lo escuchaban, lo aceptaban, en esos momentos Jacobo y los detalles de parentescos que habitaban su memoria eran necesitados, requeridos. Jacobo se convertía en el centro, el muerto quedaba relegado a un segundo plano porque lo más importante para los que quedan es establecer contactos con la vida del muerto y la de todos los muertos, para ubicarse en la vida y esto sólo podía hacerse por la memoria prodigiosa de Jacobo que se acuerda de todo y de todos. Su misal también llegó a mis manos, Remedios, después que él murió, un jueves de agosto mientras yo andaba de parto en un hospital de Nueva Orleáns. Me pregunté quién habría tomado su lugar en su entierro, quién hablaría el lenguaje de la familia para él, él que ya no estaba, quién derramaría la lista interminable de parentescos sobre su cabeza muerta. Nunca escribió la historia de los Dávila y sus bifurcaciones, ésa la consignaba a su memoria, como si sólo pudieran ser en la inmediatez de la oralidad, repetida una y otra vez, a quien tuviera de frente. Sin embargo, tenía una libreta donde iba apuntando todos los nombres que salían en las esquelas de los periódicos, por orden alfabético. Siempre leía las esquelas de los periódicos a toda boca, hábito que enfurecía a Isabel: --¿Saben que se murió una tal doña Purificación y que la sobreviven sus hijos Epifanio, José, Enriqueta, María del Carmen, Natividad y Hermenegildo? ¿Y sus nietos José Manuel, Ismael, Eugenio, Magdalena, Consuelo y Lourdes? ¿Y sus bisnietos Taína, Griselle, Christie, Jonathan, Jorge Iván, Zuzzette y Beverly? ¿Saben que se murió don Asdrubal Cayetano Ramírez y lo sobreviven sus hermanos Encarnación, Hermina, Justino y Romualdo, sus hijos Aída, Julieta, Evangelina, Regina, Jacinto, Diógenes, sus nietos Wilkin, Riccky, Quico, Daritza, Muñeca, Odette, Russell, Dante, América, Patria, Damaris y Zoé? Fue Jacobo el primero que descubrió los cruceros, que en una familia de claustrofóbicos y miedosos a las alturas fue una bendición, una manera de salir de la isla a pasear sin montarse en un avión, él se montaba en los barcos por lo menos una vez al año, a visitar las islas donde juraba haber vivido en otras vidas, a tejer historias fantásticas a desconocidos con tal convicción que todos le creían.

--¿Recuerdan el accidente de avión donde murió todo el equipo de voleibol que iba a Santo Domingo? Yo estaba en ese vuelo, fui uno de los dos sobrevivientes, me rescataron antes de morir devorado por los tiburones, bendecidos estamos de tener a nuestras islas hermanas tan cerquita, por eso nuestros espíritus al morir, saltan de cementerio a hospital buscando una barriga para meterse y nacer de nuevo; desde un cementerio de Puerto Rico podemos dar un salto a través del canal de la Mona, sin ser afectados por las terribles corrientes que azotan a los vivos y caer en un hospital de la República para nacer ipsofacto; pero desde aquel viaje espantoso solo viajo en barco, no en avión, desde que se cayó aquél le tengo pánico, especialmente cuando mi dulce esposa murió, y lloraba lágrimas verdaderas y todas las viejitas maestras retiradas en excursión a San Tomas lloraban al unísono, pobre hombre. También esa noche, Remedios, leí las libretas de mi abuela, tu madre, especialmente la que dice "Esto será lo último que escribo", ella ya con la glaucoma haciéndole estragos, sin saber que duraría vivita y coleando hasta los noventa y siete años, anunciando solemnemente por veinte años éste es mi último año; vi los últimos garabatos escapándose de las páginas, ella demasiado orgullosa para decir quiero dictarle a alguien unos versos, la que nos dijo ya no quiero escribir más y como no puedo leer me sentaré aquí día a día a leerme a mí misma, la que se empontronaba en su silla a dar discursos mientras nosotros, hijos y nietos le hacíamos caras y muecas que ella no podía ver porque estaba ciega, hablando a veces por horas en una sala vacía, sin darse cuenta de que andaban por otros lados, cansados de escucharle los cuentos de San Felipe y San Ciprián, de cómo la familia se quedó en estado paupérrimo después de la devastación de los vientos, de cómo se salvaron en San Felipe por el espíritu de Tata Ramírez, de cómo tuvieron que mudarse a Barrio Obrero porque se habían quedado en la calle y ella les vendía a los vecinos del barrio sofrito en pote (mucho antes de que saliera el sofrito en pote), para poder comprar el arroz y las habichuelas y alimentar a sus siete hijos y a Mercedes que tuvo que recogerla cuando murió su pobre hermana de tuberculosis, porque el abuelo había perdido toda su cosecha de café, había perdido la finca primero a los vientos huracanados, después a sus hermanos voraces y su trabajito de contable en el municipio no le daba para nada; ella, la santa, la perfecta, la que había vivido una vida honesta a carta cabal, la del camino recto. ¿Sabría que no había nadie ahí, que se cansaban de los cuentos, que andaba hablándole a la gata Anastasia creyendo que era Remedios, Jacobo o Isabel? ¿Sabría que no importaban sus burlas, que ahí los tendría siempre a todos, atentos, solícitos, esperando que ella les devolviera el balance, esperando que ella restaurara el orden en el desorden de sus vidas, que siempre vendrían a atenderla, a quererla, que nunca se alejarían por mucho tiempo, que estarían siempre a su lado? ¿Sabría que todos tenían que estar allí, a diario, para oírle decir: a Remedios hay que dejarla quieta, ella tiene su camino a seguir, ella vino un día anunciada por el espíritu de mi madre que se me apareció y me dijo: vas a tener una hija y le has de llamar Luz Remedios, como yo, así me dijo, yo que pensaba que no tendría más hijos (pero tu padre aparecía borracho a joder, siempre a joder, a echarme en cara mi falta de afecto pero qué afecto iba a tenerle a ese ser patético que clamaba su amor entre hipos y lágrimas, piensa la abuela mientras sigue) --yo que me levantaba a las cinco a trajinar, a darle la comida a las gallinas, a sacudir colchones, yo que nunca claudiqué, que mantuve las riendas del hogar, que seguí un camino recto porque yo fui, soy y seré una persona honesta a carta cabal. Con

Remedios no se metan, dejen que deambule, es un espíritu adelantado, es un espíritu bueno, llegará lejos, la conozco, su inteligencia es fina y estremecedora. Sin embargo a los otros hijos no les concedía lo mismo ¿verdad? Remedios lo sabía. Creo que a mi madre le molesta que Jacobo sea hombre y hombre homosexual, dos veces hombre. Le molesta que María Luisa se entregue a tanto sinvergüenza aprovechador como dice ella. Le molesta que sus hijas se casen. A mí me lo perdona todo, me dijo Remedios, hasta que me haya ido con uno de los innombrables a España sin decirle nada.

А la abuela le irritaban los cuentos siempre cambiantes de Jacobo. Los de ella no eran así, de sus labios salían palabras exactas y verdaderas, fieles a los hechos. Recuerdo cómo sus ojos parecían luchar con el alma buscando expresión y como no la encontraba, como las nubes grises de la glaucoma los invadían, entonces venían las palabras, el torrente de palabras, repetidas casi a diario, vueltas el pan de la familia: --Mami, cuéntanos de las borracheras espectaculares del tío Samuel, pedía alguien y se iban y la dejaban, sentada cual Buda, hablándole a la gata o a un cojín. --Todas las tardes, los tres hermanos, Samuel, Gustavo y Jacobo se reunían en nuestra casa a jugar dominó y a discutir de política, los dos pasatiempos predilectos de la isla. Agarraban par de botellas de ron y unos vasitos (Samuel solamente podía beber si era vasito de cristal azul porque era un maniático), se sentaban en la parte de arriba de la casa, en el balcón de balaustres de madera fina donde yo tenía mis helechos y donde me paraba a mirar los campos de café florecido, siempre inquieta porque temía que viniera un huracán y arruinara tanto trabajo. Se emborrachaban todos, cantaban, jugaban, volviéndose cada vez más impertinentes, como todo borracho, hasta que un día se colmó la copa y fue cuando Samuel, hombre inteligente pero un sinvergüenza cuando se emborrachaba porque déjame decirles que no hay perdición mas grande para el hombre que la bebida y por eso yo en toda mi vida nunca me he tomado ni un trago y nunca lo haré, pues Samuel se quitó toda la ropa y andaba trepándose por las barandas del balcón, con todo colgándole por fuera, tumbándome los helechos, frente a los peones de la finca nada menos, Samuel que hasta representante había sido ante las cámaras, aunque independentista, por desgracia. Gustavo, le dije a Gustavo, aquí no permito que vengan tus hermanos a jugar dominó y a beber ron, esto se acabó y le puse fin a eso. --¿Y qué pasó con la cosecha de café? decía uno de nosotros de pasada al balcón porque ya sabíamos el orden de los cuentos, los minutos que se tardaba en cada parte. (--¿Por qué parte va? --Está en lo de los guevos colgantes del tío, sírveme otro vinito, decía María Luisa) --Una noche, mientras observábamos el cafetal en flor, bajo la luz brillante de la luna llena, él me dijo, Josefina, esta vez sí que vamos a salir de pobres. ¡Ay Gustavo, le dije yo, estremecida, acabo de tener un presentimiento, una visión instantánea: he visto todo esto en ruinas, sufriendo una gran devastación! --No seas ave de mal agüero exclamó él, esto es muy bello para que deje de existir, aquí ha trabajado la mano de Dios.

--Tres días más tarde azotó San Felipe. Estábamos en la casa, Gonzalo y los hombres de la finca habían amarrado los techos con unas sogas y las tenían agarradas y cuando comenzaron los vientos a azotar ellos tenían que agarrar las sogas con todas sus fuerzas porque parecía que iba a volar todo. Ahí estábamos cuando vino el ojo del huracán y fue cuando yo vi a Tata Ramírez, la loca a quien mi padre le había permitido vivir en una casita de madera en un rinconcito de su finca en Aibonito y que había muerto cuando yo era adolescente. La vi a lo lejos, envuelta en una aureola azul, que denota siempre un espíritu del bien y me hizo una señal que yo entendí, sin palabras. Gustavo, le dije a Gustavo, tenemos que salir de esta casa, no va a resistir, acabo de tener una visión y entonces por gracia de Dios él me escuchó. Repartimos los hijos que teníamos para entonces entre los peones y las mujeres de la finca, yo me quedé con Leonor que estaba recién nacida y salimos a buscar refugio entre la devastación general. El espíritu de Tata Ramírez me llevó hacia un tronco gigantesco que tenía como una curva o una hendidura en el centro y me dijo aquí estarán a salvo y despareció. --Y ¿en qué parte de la finca cayó la casa? decía Isabel que en el momento justo cruzaba por la sala, hacía la pregunta y se iba. --Pues la casa completa fue levantada de los zocos y fue lanzada por los vientos al otro lado de la finca, al otro lado del riachuelo que dividía la finca. Si nos hubiésemos quedado en la casa no estaríamos aquí ahora pero por la gracia divina y por el espíritu de Tata Ramírez (que le pagaba así al santo de mi padre) sobrevivimos aunque la finca, la cosecha, los animales, todo, todo estaba perdido y nunca más volvimos a estar tan cerca de salir de la pobreza.

Cómo recuerdo las palabras de la abuela, Remedios, grabadas las tengo en mi memoria, ese ritual diario de una familia que gravitaba alrededor de ella, que si la dejaban sola para reírse entre ellos, sabían que sin sus cuentos no podrían estar, que necesitaban de los mismos cuentos, palabra por palabra, precedidos y acompañados por los mismos gestos, la misma entonación, ladeo de cabeza o pausa. Por eso podían irse y regresar justo en el momento de intercalar un comentario, una exclamación o una pregunta mientras la abuela le hablaba a una gata dormida en un sofá vacío. Sin embargo yo recuerdo cómo a veces ella me miraba con sus ojos ciegos, especialmente después de decir dejen tranquila a Remedios, ella sabe lo que hace, ella fue anunciada por mi madre y se quedaba callada y me buscaba la mano y me la apretaba en silencio. ¿Sabría que me tocaría escribir sobre Remedios? ¿Sabría que Remedios me escogería para escucharle los cuentos? Nunca me dijo nada, sólo trataba de mirarme desde sus ojos ciegos, desde la lucha entre la mirada que buscaba salir y la enfermedad que la tapaba y era una quietud casi espantosa, esa mirada idéntica a sí misma, exacta mirada que acompañaba a las exactas palabras de los cuentos repetidos al dedillo y pedidos por todos, anclas necesarias de sus hijos, contacto con un Puerto Rico lejano y distante para los nietos, todos como torbellinos petrificados a su alrededor y todos decíamos tiene que ser como ella dice que fue porque siempre lo cuenta igual, tiene que haber visto al espíritu de la loca en la finca porque siempre la describe igual. --Claro, así es la tradición oral, dice Teresa. --Claro, porque la repetición concreta la realidad y la hace cierta, dice Isabel. --No la hace cierta, la hace cómoda, piensa Jacobo que siempre cambiaba los cuentos. --Tiene que ser cierto lo de su premonición del huracán porque siempre lo cuenta igual, mira si es cierto hasta lo de los vasitos azules de tío Samuel, si en su entierro hace una semana se paró aquel joven, compañero de la barra donde se le podía encontrar cada tarde poniendo tangos en la vellonera y socializando con la clientela de rigor y ese joven, cuenta Isabel, ahí, frente a todos, todavía medio borracho por haberlo llorado en la barra toda la noche, se puso a hablar de cuánto querían todos al viejo Samuel y de cómo él rehusaba, no, abominaba de todo vaso que fuera de plástico, a él había que darle su trago de ron en un vasito de cristal azul, y hasta Gregorio el dueño del bar le tenía uno, bajo un papelito pegado con tape que decía 'don Samuel' en la tablilla frente al espejo de la barra. --Sólo para él, viejo tiquismiquis pero cliente fiel, decía Gregorio, el único que nunca me pidió que le fiara, el único que parecía entender el letrero *si fío, pierdo lo mío, si doy, a la ruina voy, si presto, al cobrar molesto por eso ni fío ni doy ni presto* que estaba allí frente a las narices de todos y sobre la libreta repleta de nombres de los deudores. --Don Samuel, caballeroso y gentil, que al discutir política no se ponía a gritar como los otros, viejo independentista de los educados, como mi padre suspiraba Gregorio, tan orgulloso y tan patriótico pero equivocado porque sin la pensión completa de veterano de Corea que me tocó yo no hubiese podido ayudarlo a mantener el negocio. --Don Samuel, tan orgulloso y tan puertorriqueño, lloraba el joven todavía borracho, quien en más de una ocasión me pagó uno, dos, tres tragos, porque la pensión de veterano de Vietnam no me da para pagar el carro, la renta, la escuelita de las niñas que cuesta un ojo pero es imposible ponerlas en una escuela pública, don Samuel por quien brindamos toda la noche entre juegos de dominó y predicciones políticas, don Samuel nuestro amigo. --Y ¿desde cuando viene la abuela contando lo de las borracheras constantes del tío Samuel hasta con el detalle de los vasitos azules? Es cierto, decíamos todos, rodeándola a pesar de nuestros juegos, todos viviendo en dos calles del mismo barrio, visitándola todos los días, fija imagen que me llega ahora a través de los anos, ahora que releo las libretas que ella le había dado a Remedios porque ya no podía escribir y que yo nunca había leído completamente sino hasta ahora, tantos años después de que muriera en completa paz y tranquilidad, convencida de que iba a verte a ti, Remedios, finalmente. Leo sus versos con su letra de araña pero sólo escucho los que nunca incluyó en estas libretas pero que me recitaba cada vez que se lo pedía. --Fue un encargo, me decía, lo escribí y se lo entregué al sobrino Rafael que andaba enamorado de la sobrina Mercedes: "Tengo un collar de perlas engarzado/ con hilos que tejió mi corazón/ las perlas son los hijos de mi alma/ el hilo fue tejido con mi amor/ pero me falta el broche de diamantes/ para ver terminado mi ideal/ ¿tú quieres, hermosísima Mercedes/ ser el broche con que cierro este collar?"

$\mathcal{R}$ecuerdo la angustia de la abuela cuando te morías, Remedios, ella no quería enterrar a otra hija, ella ya había enterrado a Fina, de siete años, hacía tanto tiempo, en el otro Puerto Rico. --No hay amor como el amor de madre, no hay dolor como el de perder a un hijo, ¿qué somos? Eduardo será su viudo, Josefina y Eduardito serán huérfanos de madre pero ¿y yo? --Es algo tan terrible y de tanto dolor que no tenemos palabra para ello, decía Isabel. --Es viuda de su hija, huérfana de su hija, Vallejo lo dijo, decía Jacobo, la gallina viuda de sus hijos. La abuela revivía la muerte de su primera hija y había llegado a pensar que tal vez su hijita Fina, quien murió en aquel campo de Aibonito, y Remedios eran un sólo espíritu; que de alguna manera Fina y su muerte se repetían en Remedios y su muerte y ella en el centro, tejiendo las simetrías, sufriendo con el estoicismo de siempre porque esta vida es dura, este mundo es hostil y Fina no hubiese muerto si hubiera nacido hoy en día pero para aquellos tiempos, en el jurutungo viejo, qué se podía hacer. --Yo andaba desesperada, dándole los guarapitos que la niña vomitaba una y otra vez mientras se iba muriendo allí mismo frente a mis ojos impotentes pero ella, Dios la tenga en su gloria, angelito divino, me había mirado a los ojos y me había dicho no te preocupes mami, no llores mami, ella me miraba con sus ojos grises que se iban, me apretaba la mano y me decía no llores mami, todo está bien, ya verás que sí. --Yo me fui calmando, decía la abuela, especialmente cuando a su cuerpecito lo rodeo una luz blanca que parecía emanarle de la piel y ella me miraba con sus ojos grises y en silencio me decía no llores, ¿ves?, no llores, ¿entiendes lo que soy?, no llores ¿entiendes que me voy? no llores, ¿entiendes que me tengo que ir? --Sé que no conocemos todos los designios de Dios, pero tiene que haber una razón por la cual yo esté enterrando a otra hija, yo me encomiendo a la voluntad de Dios, así como acepté la llegada de Luz Remedios, vaticinada por mi madre, que era una santa sabia, he de aceptar su ida anterior a la mía, otra vez, por segunda vez. La abuela permaneció seria y muda por mucho tiempo. --Con el rostro endurecido del que se resigna al sufrimiento, decía Isabel. --Con el rostro endurecido del que reta al sufrimiento decía María Luisa. --Con el rostro endurecido del que se vengará del sufrimiento, pensaría Remedios, que me dijo que sólo había visto a su madre llorar una vez, una lágrima única rodó por su rostro una noche que le dio un beso antes de sentarse a leer y a escuchar a Mozart. Después de que enterramos a Remedios y se nos pasó el primer estupor, la abuela empezó con las anécdotas que todos escuchamos respetuosos y sufridos. --Cuando Remedios era una niña, de unos tres años, ella vio el espíritu de mi hermana Angeles, que había muerto de tuberculosis; otra vez se levantó dando voces, clamando por una almohada para el señor que tosía a los pies de su cama sin poder dormir y ése seguro que era mi primo Oscar, muerto de tuberculosis también. Remedios no podía pasar frente a la casa vieja de la antigua familia Moré porque decía que una figura siniestra envuelta en una capa gris saltaba por el tejado haciendo muecas y no fue sino hasta mucho después que supimos que era el espíritu del viejo Moré que murió loco como las cabras por lo mal que se había portado con su madre, dejándola abandonada en una casilla llena de ratas que se estaba cayendo, ¡él que estaba podrido en dinero! --Remedios leía perfectamente a los cuatro años y había que buscarle libros fuera como fuera y por eso entró a los 16 años a la universidad y salió tan bien, lástima que el innombrable interrumpiera su brillante carrera de letras al llevársela a España, es y será un eterno sinvergüenza. Remedios ahora está con Fina, esos dos seres especiales, como si un único espíritu divino se viviera por las dos y por gracia divina me tocara a mí traerlas al mundo y ambas estarán a mi lado cuando finalmente Dios me llame a su lado. Remedios siempre tuvo algo especial, una profundidad en la mirada y en los gestos, una manera de mirar el mundo y de vivirse en él, una necesidad de espíritu adelantado que tiene que romper con algunas normas, cosa que yo sabía desde que fue presagiada por mi madre Luz Remedios, de ahí le vino el nombre y lo requeteconfirmé cuando, embarazada de siete meses, visitaba la casa de mi hermana Pura, que ustedes saben que ella, detrás de sus visitas diarias a la iglesia y sus confesiones diarias (los curas huían al verla venir, si ya la confesamos doña Pura, ayer mismo, que pecados puede tener una devota como usted) escondía su increíble intuición para con las cartas. Cómo leía las cartas, Dios mío, bueno, leyéndolas estaba cuando se murió pero volviendo al cuento, yo estaba de visita en su casa y me estaba leyendo las cartas cuando apareció el dos de oros (infante) y yo miré a la esquina de la habitación y allí vi a Remedios, la futura Remedios, de unos ocho años, de pie junto al altar de Pura, mirándome con sus grandes ojos oscuros. Esa noche volví a soñar con ella, esos sueños que sabes que no son sueños, de los cuales te despiertas de golpe y te das cuenta de que algo ha pasado, unos mensajes se han intercambiado y una se queda bien desconcertada. Remedios estaba allí en mi sueño y me dijo, quiero nacer ahora y yo le dije tienes que esperar Remedios, nacer a los nueve meses es mejor que nacer sietemesina, especialmente en este campo de Morovis y con tu padre medio borracho todo el tiempo y ella, la sabia, me entendió y me dijo está bien mami, espero. Yo supe desde entonces que esta niña sería especial pero también que sería testaruda, yo sabía que iba a darme dolores de cabeza pero se lo perdoné todo, tenía que perdonárselo, no hay nada como el amor de una madre, aparte de que mucho de lo sucedido ha sido culpa de ciertos innombrables, con los cuales nosotros nos habíamos portado siempre con gran cortesía, a carta cabal, y que sin embargo se aprovechaban de Remedios y de nosotros para confundirla por el tiempo en que duraba su confusión hasta que volvía al seno familiar donde siempre se le reconocía su espíritu adelantado, perdonándoselo todo, no hay nada como el amor de madre, no hay nada como mi amor.

𝒞ómo recuerdo sus palabras, Remedios, sus poemas no son nada comparados con esas palabras lanzadas al viento, a veces a salas vacías, pero nunca a oídos sordos, palabras tentáculos que tejía alrededor de sus hijos, sus nietos, tentáculos que rechazarían a cualquiera que se atreviera a entrar al círculo. Familia destinada a la auto antropofagia, serpiente que se mordía la cola; yo y mis hermanos, nuestros primos, todos salimos de allí, cargando con la memoria. Yo cargando con carpetas de papeles amarillentos que se irían engordando a través de los años, con notas, mensajes, cartas, papeles que circulaban de mano en mano hasta llegar a mí. Yo los guardaba, se iban integrando al archivo llamado familia, desplazado, errante, sonámbulo, errático, mío.

Después vendrían mis papeles escritos, los que de alguna manera tratarían de interpretar aquellos primeros garabatos míos de hace tantos años, aquellos que anotaba cuando salía del cuarto de Remedios moribunda para poder permitirme el olvido, papeles escritos sin ton ni son, anotaciones erráticas de lo que Remedios me decía en esas tardes especiales, lo que pensamos mientras la mirábamos bajar a la cripta familiar, más papeles para andar dando tumbos por mis casas, papeles que había que llevarse para dejar la isla. Papeles, palabras, cuentos, familia, imposibilidad de olvidar, necesidad de olvidar, cuentos para enterrar en la cripta junto al mar, porque siempre me estuve yendo, porque desde entonces me estoy yendo, porque estoy condenada a este largo peregrinaje de estarse yendo.

—*L*o terrible era la tristeza que me embargaba cada vez que rompía con ellos, con él, especialmente Eduardo, especialmente él. Era como estar en un cilindro frío, colgando a la intemperie, en la oscuridad de una noche sin luna, sobre las cabezas de gentes desconocidas que se la pasan bailando, disfrutando, amando, me dijo una vez Remedios. Era como un largo cansancio de los huesos que empezaba a coserse por mis entrañas, llegándome a los párpados, gotas empezaban a caer de los párpados a los ojos a las mejillas, una larga pregunta se derramaba ¿por qué, por qué esta vida, por qué estas ausencias, por qué esta tristeza de cilindro frío y mojado? Yo no podía seguir con ellos, ¿entiendes? Algo, algo me empujaba a continuar viviendo sin las peripecias diarias que tanto daño me hacían, las cotidianas neurosis que se multiplican a millón cuando vienen de dos. Ay, suspiraba, ¿sería que en el fondo era una romántica empedernida, en el mal sentido de la palabra? ¿O que era una pintora, una muralista, una directora de cine, alguien que necesita ver todo el cuadro completo, lleno de insinuaciones, de respuestas a preguntas nunca articuladas, todo puesto ahí, sobre el lienzo, ventanas de explicaciones al mundo, todo bien representado, sí, y yo mirándome ser parte de unas lentas escenas de mural, de mural cuento, de película? Pero tú sabes que a mí nunca me gustó el cine, esa comemierdería de la realidad, ay Victoria, hoy no me hagas mucho caso, deja que estas palabras se las lleve el viento.

*E*s irremediable, Remedios, que piense en ti cada vez que me dan ganas de irme, que pienso en la alternativa de dejar a Edward, de llevarme a los niños para continuar con más o menos libertad, o su ilusión que aunque se reduzca a lo mismo importa en el vivir de día a día. Pienso en ti, gran abandonadora de hombres, y en como llegamos a pensar que era casi una vocación pero yo creía entender que tu verdadera vocación era a la soledad: tú que viviste toda tu vida rodeada de gente, familia, hijos, amigos, amantes, esas puertas tuyas abriéndose y cerrándose, recibiendo mundo, despidiéndose permanentemente del mundo. Y cuando estabas justo en el umbral de tu edad del arrepentimiento, lo hiciste por última vez, dejaste a Eduardo, y yo sé que ese gesto entró a alimentar esa duda que padeciste porque por un lado te sentiste medio típica, ¿no? Por otro, sentías que andabas siguiendo tus caminos hacia la paz. Hubo un momento de titubeo, de duda, agravado por el hecho de que fuera un hombre el que te lo produjera, tal vez, o fue que tu propio cuerpo en el umbral de la edad para arrepentirse te jugó una mala jugada, y esa duda te paralizó, ¿verdad? Hasta que llegaron tu enfermedad y las palabras que quise garabatear con rapidez y guardarlas (porque quería tenerlas y guardarlas pero tenía que irme también y tú lo sabías) en unos papeles ya amarillentos junto a otros papeles ya amarillentos, que guardé y que ahora leo, mezclados con los demás, ahora que quise ponerme a recordar porque

Edward me ha hablado dormido, provocando uno de los juegos de la memoria, otra vez la asociación hacia Eduardo, tu amor. Tal vez seamos nosotras ahora, Remedios y Victoria, las que estemos detenidas en el arco que va de una mirada de ángel caído a las palabras de un ángel dormido, tú y yo siendo creadas o puestas bajo el arco que nosotras creemos divisar primero pero que tal vez no. Entonces, mi acto de levantarme y buscar las carpetas y dejar la mía que es la tuya para lo último y de leer y releer a Jacobo y a la abuela, ¿a quién pertenece, de dónde sale? ¿Habría que hacerse estas preguntas, tendríamos que arrepentirnos, hablar?

Remedios hablaba de la pena de dejarlos, especialmente a Eduardo, pero nunca admitió la posibilidad (demasiado prosaica para ti, ¿verdad Remedios?) de que un hombre, una persona y una edad pudieran coagularse para casi anular una vida anterior. Ella quería su cuento a la vez exacto y modificado, quería ser el cilindro frío y los cuerpos bailantes. Ella no me dijo eso, claro, pero se le salía en los ojos (lo sé ahora), ese querer dictaminaba el turno que tomaban los cuentos para ir organizándose a través de los días, hasta los silencios cuando, cansada y sin poder ya hablar, se quedaba con la cabeza reclinada sobre las almohadas y los ojos semi abiertos. Eduardo nunca la entendió totalmente, él sabía aceptar sin necesidad de entender, rara cualidad pensaba Remedios. Yo recuerdo la expresión medio sorprendida, medio dolida que se le quedó a Eduardo para siempre pegada al rostro, a las comisuras de los labios cuando sonreía. Remedios decía que no quería hacerlo sufrir pero yo creo (creo saberlo ahora), que no estaba tan segura tampoco de que tenía que dejarlo y para ella la inseguridad siempre fue el verdadero sufrimiento. Se le había mezclado la vocación a la soledad con el dulce hábito de seguir, envejecer con alguien y de ahí vino la duda y acaso el alivio de saberse enferma, como si se lo quitaran de las manos y ella, agradecida pudiera descansar del no saber. Como Remedios siempre tenía una explicación, una anécdota, o una pregunta que siempre encerraba su respuesta implícita será difícil saber. Ella quería siempre confirmar el destino, ¿no es cierto, tía? Imaginarte todo para que no te cogieran de sorpresa y no podías imaginarte vieja, acompañada y envejeciendo con alguien. ¿Será tan sencillo (tan complejo) como eso? ¿De veras no podrías o no era posible porque te iba a venir la enfermedad? Porque te vino la enfermedad después del arrepentimiento y te pusiste a contarme cuentos, un gran cuento compuesto de muchos cuentos, un gran evento (arrepentirse, morirse) provocador de cuentos, trazando un arco, simétrico y perfecto sobre tu rostro por fin tranquilo, como si volvieras a encontrarte frente al espejo, por fin reconociéndote.

Recuerdo una tarde en que Eduardo vino a verla, era un día brillante de mayo, ya su enfermedad progresaba a pasos gigantes, ya le había dado la bienvenida total. Pasaron cuatro horas juntos en el cuarto, a Eduardo el amor se le desbordaba por los ojos, Remedios siempre decía que lo quería porque él nunca había podido contener su mirada, que muy poca gente en este mundo tenía una mirada así: derramada por los costados, ida por la sien y ella había celebrado esa imprecisión desde la primera vez que lo vio cruzar la calle ardiente de Río Piedras, porque era como estar recostada en una hamaca a las tres de la tarde en una tarde sin nubes, mirando el árbol de higuera llena de higueras en el silencioso bochorno de la tarde, esa mezcla de sol brillante que terminaba por difuminar los confines del verde, en un impresionismo impresionante. Nunca me contó lo que se dijeron esa tarde, solo suspiró: qué cosa mas grande es este amor de gaviotas, que cosa más grande es esta fragilidad de soldados, soldados del amor. Lo vi irse con su caminar lento, me besó tierno y me dijo hasta la próxima, Victoria, (no lo volví a ver hasta el día del velorio, pálido y callado, con lágrimas bajándole por el rostro, cayendo sobre su camisa gris); esa tarde especie de foto se grabó en mi memoria: la puerta entreabierta, Remedios recostada sobre la cama, con su pelo negro rayado de blanco enmarcándole el rostro, endureciéndoselo casi, la luz entrando por la ventana, el incienso y las velas sobre la mesa, todo como azul y yo el individuo-testigo-oyente-recordador que ahora escribe describe esa escena que ella nunca llenó con palabras, sólo con murmullos sobre gaviotas y soldados.

En los próximos días se dedicó a hacer cuentos de su vida, de sus amantes, de Jacobo, Leonor, María Luisa, Aurora, Gustavo, Isabel, Mercedes, de Jane. Después de muchos días de cuentos recuerdo que me dijo: a ti te tocará vivir con un Eduardo, envejeciendo con él, eso es algo que harás tú, no yo.

Qué difícil sería dejarlo, especialmente cuando lo quiero tanto, especialmente cuando mis hijos, especialmente cuando al atardecer nos miramos con ojos de gato antes de entrar a las noches que nos unen para luego separarnos en el sueño. Remedios, ¿por qué te yergues entre mis murallas y las tumbas de mis murallas? Mis palabras se detienen sorprendidas cuando reciben los ecos de las tuyas. Las palabras tuyas son también redes gigantescas que recogen a la familia que no pudiste dejar sino en la muerte. Pero yo los dejé en la vida, pegados a sus manías como madres, perdonándote a ti porque es fácil perdonar a los muertos, sin poderme perdonar a mí porque los dejaba allí, detenidos en las sombras de tu ausencia que se iría llenando de ellos mismos al irse muriendo. Los dejé, a mis amados perseguidores, los dejé hasta cierto punto porque a mí me tocará, a mí me tocará, a mí me tocará ¿qué? Vivir el hábito de Mercedes, sentir las fiebres de María Luisa, leer el grito silencioso de Aurora, casarme con un gringo como Leonor, ser el verbo de la abuela, repetir las borracheras del abuelo, responderle a Isabel sin estar convencida, llorar ante los sollozos de Jacobo, olvidarme con todos de Gustavo, a mí me tocará ¿qué? ¿Conversar con mis primos Josefina, Eduardito, Ignacio, Aurorita, olvidar con mis hermanos Teresa y Pablo? ¿Escribirle a Mercedita, la única que no salió de la isla? ¿Asistir a entierros? ¿Recordar y pensar y recordar? ¿Me tocará repetirte, Remedios, en este silencio de cuerpo dormido que me ama y a quien yo amo?, ¿este pesado cuerpo de hombre que duerme, soltando alguna que otra lucidez? ¿Es ésta mi muralla y mi tumba? ¿Ahí estará, mientras me paro sobre ella y diviso mis casas y las suyas y las tuyas y las nuestras? ¿Serie de casas que nunca serán nido porque me negué a que lo fueran? En la luz de su costado yo me acuesto, en la luz de nuestros hijos me caliento, en la luz que alumbra lo que escribo me reconozco y me encuentro llamando sombras entre juegos de luz; mi familia, yo, mi familia. Cómo me costó dejarlo, me contó ella, y la comprendo. Tal vez su Eduardo nunca murmuró palabras sueltas, cadenas de misterio que te invitan a quedarte entre el hábito, Mercedes, entre la sabiduría ciega, Aurora, entre las ansias, María Luisa, entre el temor a la muerte, Jacobo, como un puente sin anclas, Isabel, todavía casada, Leonor.

Yo no me quiero morir yo no me quiero morir yo no me quiero morir yo no me quiero morir ahora ahora no me quiero morir así no me quiero morir así no me quiero morir sin un amor al lado mío no me quiero morir solo en este hospital quiero fumarme un cigarrillo pero no a escondidas en el baño del hospital con el Lysol en una mano escupiendo mis pulmones quiero fumar fumar fumar al lado de un cuerpo amado hasta la saciedad quiero un amor quiero mi vida otra vez quiero una vida silenciosa y repleta donde no tenga que inventarme a cada vuelta donde mis palabras no tapen mi cama solitaria no me quiero morir no me quiero morir. Quién va a llorarme quién va a vaciarse de palabras como yo me vacío cada vez que voy a un funeral cada vez que le tomo la mano a un muerto y se la acaricio, quién quién quién va a quererme quién va a ayudarme a morir me voy contigo mami me voy contigo. Remedios, Remedios, te recuerdo tanto y te fuiste hace tiempo dónde estás mujer afortunada, afortunada de ser mujer, afortunada de ser bella, afortunada de ser mami y no papi, no como María Luisa y yo que somos papi tú fuiste mami tú fuiste de ella Remedios por eso te dejó libre por eso te fuiste contenta te moriste en paz ¿te veré otra vez? A ti te perdoné porque te fuiste hace tiempo, te fuiste bella y todavía joven, tu muerte fue hermosa, ¿qué podía decir frente a tu cadáver perfecto, bendecido por los dioses, callado y profundo como una guirnalda de Luz? ¿Te veré ahora que me muero a destiempo? Ahora que sorprenderé a todos con mi muerte porque nadie la espera a los tres días de entrar en el hospital, nadie sospecha que me estoy muriendo, que se me está llenando el cuerpo de agua sucia que no quiero morirme ahora que no quiero morirme sin un amor al lado ¿Te veré Remedios? ¿Creeré en lo que siempre he dicho que he creído? ¿Creeré en mis dioses? ¿Volveré a nacer tierno y bello? ¿Seré feliz esta vez? Pero, ¿quién se parará frente a mi cadáver para hablarme, quién dirá mis homenajes secretos, quién podrá penetrar mi muerte para recitar los nombres precisos de los familiares que vendrán a llevarme? ¿Quién sabrá lo que yo siempre he sabido, los ecos que llegan a llevarse a cada uno de nuestros muertos? ¿Quién podrá percibir entre la luminosidad de un día de trópico a los que me invaden cada noche frente a mi tumba cerrada para yo poder descansar en paz o para yo poder moverme feliz de estar muerto o de poder vivir otra vez? No me quiero morir ahora no me quiero morir, a lo mejor Remedios hubiera podido divisar los nombres que siento que se escriben en mi piel, pero no está y no la veo llegar, no me quiero morir no me quiero morir. Veo a papi con su bastón, paseándose sin querer mirarme, veo a Samuel con una botella y veo a Ernesto un tío abuelo de mami, ¿ése que flauta toca en esta muerte? Pero ¿dónde está mi madre? ¿Dónde estás mami, por qué no vienes a acompañarme, por qué aun en mi muerte te olvidas de mí, me rechazas una vez más, implacable y sin perdón? Todos estuvimos contigo en la tuya, te fuiste en paz, hace apenas nueve meses, mami, ¿cómo es posible que no estés todavía por ahí, cómo es posible que te olvidaras de nosotros en tu muerte, cómo es posible que no te nos presentaras ni una sola vez, cómo es posible que te negaras a ser uno de nuestros fantasmas, cómo puede ser que te hayas olvidado tan pronto de nosotros, nosotros que estuvimos siempre a tu lado, que siempre regresábamos a ti? No quiero morirme no quiero morirme, no quiero, yo quiero nacer yo quiero morir abrazado a una verga caliente, una verga caliente y luminosa, un pene cabeza de oro que me llene de luz, que me llene el alma de luz, la luz que me niegas mami, porque todos te vimos morir en paz, rodeada de luz, vimos destellos de luz que salían de tus cabellos blancos, de tus manos, hasta Victoria allá por Nueva Orleáns vio una estrellita de luz en su sábila y llamó por teléfono justo cuando te llevábamos al hospital, a mí lo que me saldrá será un chorro de agua sucia y no quiero morirme no quiero morirme no quiero morirme, por qué no vienes a buscarme, por qué no me ayudas, por qué me voy antes de tiempo, por qué me muero en el cuerpo de mi padre a los sesenta y ocho un jueves de agosto como él, por qué me traiciona este cuerpo de mi padre por qué por qué, por qué me hace señas con una mano el tío Zacarías a quien nunca soporté, dónde está Liborio con el cual me identifiqué, con esa mirada de mujer sufriente que escondía bajo sus pestañas azules, qué hace éste llamándome con un gesto maquiavélico, no me quiero morir no me quiero morir, quién va a exorcizar estos nombres que me están llamando, repitiéndolos entre susurros a la familia que asistirá a mi entierro, yo Jacobo yo papi yo mami yo Gustavo yo Javier yo Liborio y ahora yo Ignacio; yo Leonor, Isabel, María Luisa, Aurora, Mercedes no quiero morirme no quiero morirme, mami, ¿dónde estás? ¿Quién vendría a llevarte a ti, tú que te fuiste en silencio, rodeada de luz? Yo susurré el nombre de tu madre Luz Remedios y el nombre de tu hija Luz Remedios y el nombre de tu hija Fina y te fuiste en paz, tranquilita, satisfecha, ayudada por todos nosotros que nunca te dejamos, ¿por qué me abandonas ahora mami, cuando más te necesito? Remedios, ¿eres tú? Por favor, ven, ayuda a tu hermano, por favor, busca a tus hermanas, llama a tus hermanas, dile a alguien que me estoy muriendo, ¿Quién está ahora conmigo en este frío hospital, dónde están mis hermanas que no saben adivinar que me estoy muriendo, que no ven los nombres que se escriben en mi piel cetrina, que no saben cruzar el torbellino de palabras que les lanzo al rostro, no saben pasar por mis palabras, ir más allá de las imprecaciones que me salen por la boca, no saben ir al vacío que añoro, que vive detrás de mis insultos y mis miedos y mis manías, es que no me quiero morir que no me quiero morir que no me quiero morir sin haber sido amado por un hombre tierno y hermoso sin haber sentido el silencio de la vida, sin haber ahogado mis palabras en un torrente de placer correspondido, verdadero, entregado, no me quiero morir. ¿Dónde está mi cabeza de oro, doliente amado mío, no puedo inventarte desde esta agonía, ven y penétrame todo, revuelca la inmundicia que me sale del alma, la pobre alma mía que nunca te tuvo mas que en traje de quimera muerta, podrida bajo el agua de un espejo donde ya no estoy donde me voy uno a uno a buscarte pero no te encuentro, cabeza de oro, dulce enamorado mío, te me escapaste en el último delirio, perdí la cuenta, hablé para matarte creyendo que vivirías. Madre ¿dónde estás? ¿Dónde estás? Veo a Gustavo todavía armando andamios de palillos de fósforos pero esta vez me mira con mirada inteligente, no desquiciada, veo a la tía Pura, veo a Javier pintándome un nombre que había olvidado en la ingle, gracias Javier, llama a Remedios, llámala por favor que no me quiero morir, ¿Quien va a enterrarme como yo me enterraría?, ¿Quién va a derramar los nombres de los muertos sobre mi tumba vacía de amor? Remedios, dulce Remedios, ve y busca a mami, a ti ella te escuchará, madre, ¿por qué no has venido? Madre, ¿por qué me has abandonado?

--A Jacobo lo mató la enfermera bruta ésa, la que no sabía cómo manejar la máquina ésa que le limpiaba los pulmones, dijo Isabel. --A Jacobo lo mataron los médicos que nos sacaron del cuarto a empujones dijo Mercedes. --A Jacobo lo mataron el enfisema y el cáncer, dijo Leonor. --A Jacobo lo mató el que nosotras no supiéramos que iba a morir tan pronto, dijo Aurora. --A Jacobo lo mató el miedo a la muerte comentó su padre desde allá. --A Jacobo lo mataron sus ansias de vida, murmuró Remedios desde allá. --A Jacobo lo mataron sus ansias de vida desplazada, pintó Javier. --A Jacobo lo mató el silencio que añoraba, susurró Remedios. --¡A mí me mató la muerte, gritó Jacobo, y ahora estoy bien muerto, bien muerto es lo que estoy!

--¿Qué hacemos con las fotografías de Jacobo? --No sé, ¿que cada cual escoja las que quiera? --¿Qué hacemos con los retratos del abuelo Jacobo y el tío Liborio pintados por Colorado? --¿Le donamos ése a la escuela que lleva su nombre, allá por Morovis? --No, no debe salir de la familia. Se los damos a Ignacio que es el pintor de esa generación. --Pero él está en México. --No importa. --¿Qué hacemos con el cartel del bailarín ruso ése como se llame? --Bótalo, nadie lo quiere, está todo manchado sabe dios de qué. --¿Qué hacemos con el misal?. --Dámelo, dijo Isabel, yo me encargo del misal. --¿Qué hacemos con este chorrete de recordatorios, con estas listas de nombres sacadas de las esquelas? --Yo se las mando a Victoria, dijo Leonor. --¿Qué hacemos con este montonal de películas pornográficas que acaban de aparecer?, coño ¡que bien escondidas las tenía! --Pues, qué te crees, bótenlas pero bien selladitas las bolsas para que nadie se entere.

*E*lla se sentó un día, dijo Jacobo entre hipos, a pensar sus hijos como venganzas, últimas venganzas a una vida apretada entre tanta manera de ser, hijas buenas, niñas buenas, apretada entre tanta costumbre, tanto hábito afanoso de separarse del gentío que no son ellos, que no eran. Ella se sentó un día, en una silla de paja (me la imagino, la veo, la construyo porque así tuvo que hacer ella, no hay otra explicación) y comenzó a separarse en muchas, cada una sería una madre distinta, cada una sería un hijo distinto, cada una sería una madre, y cada hijo repetiría su papel hacia el infinito, como venganza atroz al esposo que le tocó, al mundo que le tocó, la historia que le tocó, el país que le tocó. Y así fue como, gime Jacobo entre hipos, identificó siete identidades suyas y las pensó en sus siete hijos y cada uno nació de esa madre particular habitante de la única madre, siete patas a su alrededor y así fue que nacimos, tartamudea Jacobo mientras da tumbos buscando la llave para abrir la puerta donde se la encontrará, esperándolo para darle su discurso.

Jacobo delira, sueña Remedios desde su tumba. Jacobo mira y entiende pero no se vive en la diferencia. Aquí te espero, Jacobo, sueña Remedios, para que vuelvas a pensarte y a entender pero de otra forma, Jacobo, sin el delirio de la angustia.

*L*a mujer se sienta en una silla cómoda y mullida y comienza a pensarse. Su resentimiento es feroz y su necesidad de venganza una pluma de fuego que le escribe en la frente: odio este matrimonio y a este hombre, odio el amor que suplica y exige. Siente como se irá separando en varias y empieza a llamarlas: ven, hija, tú te mueres de deseo, tú quieres desnudarte y acurrucarte entre unas manos suaves de mujer, no de un hombre dueño con ese miembro duro y hostil que nada tiene que ver con la suavidad de mi sexo, que lo que hace es interrumpir, constantemente interrumpir, ven acá y siéntate a mi lado. Ven, hijo, tú te jodiste por ser hombre que busca hombres, pero tú más que nada eres mi capacidad de mentir, mi habilidad de inventarme a cada vuelta, tú eres el cuento donde yo soy una estrella capaz de transformar al mundo, tú eres la página sobre el rostro que doy al mundo. Ven, hija, tú eres mi dolor y mi ansiedad, tú eres mi miedo terror pánico de ser, tú eres el terror que siento de perderme si no me reinvento, eres mi miedo al mundo. Ven, hijo, tú eres mi rabia descontrolada, el cuchillo que quisiera haber blandido, hundido, disuelto en ese cuerpo que detesto. Ven hija, tú eres la que sumisa seguirás a tu marido, harás lo que yo no pude hacer nunca, entregarte cuerpo y alma a un hombre, entregarle la llave de tu presente y tu futuro, ser la esposa perfecta y feliz y contenta de un tirano, la apariencia que yo soy pero que no puedo sobrellevar, tú serás eso por mí. Ven hija, tu buscarás el amor una y otra vez, tu serás libre porque querrás ser libre pero nunca lo serás pero no me importa porque también hay que vivir en esta vida, también hay que hacerse de ilusiones, así como yo ahora me sueño en mis partes, seis tentáculos que me salen de cada costado y que identifico en la foto familiar: madre e hijos, juntos y sonrientes para siempre.

¿Y yo?, le pregunta Remedios, esperándolo allá. Remedios, gime Jacobo, fue el último accidente, el no pensado, vino sin plan y tuvo una oportunidad, grita Jacobo mientras se orina en los floreros de su madre, mientras vomita el arroz y las habichuelas en el piso del baño (vomité 47 habichuelas rositas pero perdí la cuenta del arroz), mientras se incorpora a duras penas y sale al balcón, desnudo y erecto clamando por un hombre joven de languidez límpida, ay Remedios, fue por eso que te moriste primero. Ay Remedios, qué manía te dio por morirte, tanto que te quería mami, eras la única que podía salvarla de sí misma, acaso ayudarnos a nosotros a salvarnos.

Habrá una que será mi salvación, no piensa la mujer, la que me recordará en mis últimos momentos que será necesario perdonarme, porque el perdón es el guiño del que se arrepiente.

Remedios, la tristeza nos embargó cuando murió Jacobo, así tan pronto después de la muerte de la abuela. Mi madre me llamaba por teléfono y no decía nada, yo amamantaba a mi bebé y le hacía preguntas sobre Jacobo, sobre todos. Isabel, Aurora y Mercedes me llamaban por teléfono y lloraban. Entonces lo empezamos a ver casi a diario y casi simultáneamente: lo vi yo en Nueva Orleáns, montado en un carro azul con tablillas de Kentucky, él que nunca había manejado y que nunca habría tenido nada de una ciudad que no estuviera en una costa, mucho menos tablillas de un carro; lo vio mi hermano en Florida, pescando en un lago, él que nunca había pescado en su vida y que no le gustaba comer pescado por miedo a ahogarse con las espinas; lo vio mi hermana montándose en un ascensor en la universidad de Indiana en el mismo momento en que María Luisa lo veía salir de un ascensor en el banco Popular, él, el claustrofóbico mayor de la familia; lo vieron las hermanas vecinas de enfrente a su casa, a quienes él siempre les daba pasteles en navidad, sobándole los gatos callejeros que ellas alimentaban y que hasta ese momento nadie había podido tocarlos, comprobando así su amor trascendental por los gatos, animales superiores, no como los perros babosos que se cagan y se mean por todas partes, ya estamos hartas de pisar mierda porque aquí nadie recoge la mierda de nadie, país de incivilizados, decían las hermanas Enid e Inés, pronunciando todas sus ces y zetas como buenas maestras de español retiradas de la Universidad de Puerto Rico pero graduadas de Madrid con sus diplomas ultramarinos. --Y fíjate Leonor, le decían a Leonor, sus otras vecinas, Jenny y la dominicana Altagracia, que tienen esos perros ridículos y que tanto querían a Jacobo, no lo han visto, y eso que la Altagracia practica, tú sabes, más de una vez hemos visto destellos de velas y sombras extrañas deambulando por su sala hasta las tantas, pero Jacobo aquí estaba, con nuestros gatos, nosotras lo vimos, al santo de Jacobo, Dios lo tenga en su gloria, nosotras que nunca salimos de este barrio acabamos de venir del cementerio, fuimos a llevarle flores y vamos a ir cada vez que lo veamos, decían al unísono las hermanas porque Jacobo estaba sobando a Garcilasa, la gata cálico que no hay quien pueda agarrarla para llevarla a operar para que deje de estar pariendo gatos multicolores, y estaba sobando a Pan Doblao (este nombre se lo puso Fortunato, el jardinero), el gato bizco y rengo que hay que ponerle la comida e irse porque es un receloso, también lo vimos sobando a Casiopea, a Hércules y a los nueve Marcianos, aunque éstos sí se dejan tocar por cualquiera, éstos son los invasores, a éstos hay que sacarlos de la casa, especialmente al Marciano Dos y al Marciano Ocho, pues ahí estaba Jacobo, le dijeron a Leonor, en pleno día, atento a los gatos, inclinado sobre ellos, y lo hemos visto varias veces, tan clarito como te estamos viendo a ti. Hasta Leonor, que decía que no creía ni en la luz eléctrica, lo vio encaramado en su árbol de nísperos, él, que le tenía pánico a los murciélagos que vivían en ellos y que siempre había querido que ella tumbara esos árboles. Ahí fue cuando nos dimos cuenta de lo rabioso que estaba; se había muerto rabiando, especialmente cuando la única que no lo vio fue Isabel, a pesar de que lo invocó por tres días y tres noches, quemó agua de florida frente a la puerta de su casa, saltando sobre un fuego que empezó a crecer desmesuradamente por el viento y las hojas secas de flamboyán que empezaron a caer, provocando que algún remilgoso del barrio llamara a la policía y a los bomberos. Entonces Isabel decidió visitar a doña Lucy, la madre espiritista de su antigua amante. Llegó bajo un aguacero torrencial allá en la séptima novena extensión de la urbanización Santa Juanita en Bayamón, donde tuvo que terminar quedándose por las inundaciones y tolerar la presencia de Silvia, que cuando vino a visitar a su madre y se la encontró allí con doña Lucy, frente a un vaso de agua con un papelito encima y su madre en trance, hablando en lenguas, se puso a gritarle improperios y quiso echarla a patadas pero ella no podía irse porque la calle estaba hecha un río. --Vengo por Jacobo le gritó Isabel, no por ti, Jacobo necesita la paz, necesita la luz, se le ha presentado a todo el mundo menos a mí, yo que podría ayudarlo, yo que podría guiarlo hacia la paz, debe estar furioso conmigo. --Claro, le contestó Silvia enfurecida, porque tú practicaste tu lesbianismo, libertina, le sacó en cara Silvia, y lo de él era sordidez de cuarto oscuro y amores callejeros, diez años estuviste conmigo Isabel y me dejaste por la pendejita modelo frígida esa, carajo, y me traicionaste con la Margaret estúpida esa, carajo, y caíste lo más bajo que se puede caer con la esposa del policía aquel que por poco te mata a tiros porque eso de que su mujer se fuera con otra mujer, ¡eso sí que no! --Sí, y fueron mami y Jacobo quienes me ayudaron, mami habló con la madre de él y Jacobo me escondió en su casa gritaba Isabel, pero mami murió en paz, pero Jacobo no descansa en paz, nos volvió locos a todos, si llegas a verlo una, dos semanas antes de sorprendernos con esa muerte tan terrible, con sus insultos y sus demencias y su continuo habla que te habla incoherencias y no nos dimos cuenta de que se nos moría de miedo, se nos moría de muerte, no vimos mas allá, comprendes, gritaba Isabel mientras doña Lucy se desplomaba al piso. La recogieron y la acostaron en el sofá, la casa quedó invadida con un fuerte olor a azucenas y en el preciso momento en que vino el apagón de luz doña Lucy abrió los ojos. Doña Lucy miró a su hija y le dijo: --no me llores que ya pronto me tocará a mí reunirme con tu padre en el jardín de los espacios paralelos y miró a Isabel y le dijo prepárense para otra muerte, esto no termina aquí, y se quedó dormida por los dos días que duró la tormenta. Isabel y Silvia se bebieron una botella de ron y durmieron desnudas sobre la alfombra, después de amarse por última vez y perdonarse todos los deslices y todos los infortunios. Cuando doña Lucy despertó, justo al encenderse la primera luz de la casa, le entregó a Isabel una piedrecita roja que apareció en su mano y le dijo: --quema una vela de color distinto empezando mañana por siete días, en el siguiente orden: blanca, verde, amarilla, roja, azul, violeta y blanca; pon la piedra que me he traído del jardín de los espacios paralelos en un potecito transparente lavado tres veces de cara al mar Caribe, escribe el nombre de Jacobo en un pedacito de tela de su guayabera más blanca y ponlo con la piedra en el pote, llena el potecito mitad aceite de oliva, mitad vinagre balsámico y entiérralo en el patio de su antigua casa. --Ah, añadió doña Lucy, y cuídense de quedarse dormidos con un cigarrillo encendido. Isabel cumplió con el ritual de las velas y a los siete días, ella y Aurora, debajo de la segunda tormenta que vendría a azotar la isla y muertas del susto, se colaron entre los perros ridículos de la Jenny que ladraban furiosamente y los de la Altagracia, que estaban extrañamente silenciosos, y enterraron el potecito debajo de un árbol de acerola que había en el patio de la casa, que por suerte nadie había alquilado todavía porque decían que sentían unos dedos fríos tocarle las espaldas cuando pasaban por el pasillo hacia el primer cuarto, el árbol debajo del cual Jacobo siempre ponía a colgar sus pantalones blancos y sus camisas blancas, porque no confiaba en las secadoras de ropa cuando se trataba de ropa blanca. Catorce días más tarde Isabel lo soñó contento, montado con Remedios en un carro azul con tablillas de Kentucky dentro de un gran ascensor, comiéndose un pastelillo de chapín con un murciélago en un hombro y una gata cálico en el otro. Lloró lágrimas de felicidad y de alivio pero cuando iba a darle a doña Lucy las gracias y contarle lo sucedido, recibió la noticia de que Silvia la había encontrado muerta, sentadita en el sillón de mimbre donde se sentaba a escuchar a los coquíes en las noches de lluvia, con una expresión tan pacífica en el rostro y un olor a azucenas tan potente en las manos que a Silvia se le evaporaron el llanto y la pena. Cuando fui a Puerto Rico unos meses más tarde, Isabel me contó esto y frente a la tumba de la familia, donde siempre insistía en llevarme, me hizo entrega de un rosario español hecho de rosas, diciéndome, llévate esto que me lo dio Silvia que se lo dio doña Lucy diciéndole que alguien de la familia nuestra lo necesitaría y como tú acabas de parir y tu hijo nació cuando Jacobo se moría, yo te lo doy, frente a esta tumba, cerrando un círculo. Nunca se le ocurrió pensar que podría ser María Luisa quien lo necesitaría, mucho más que yo.

--¿Por qué es que tenemos que tener un hombre al lado? clamaba María Luisa.

--Ya tú lo dijiste, Remedios, porque nos creemos los cuentos, me contestaba. El cuento de la sociedad, de la cultura, de la naturaleza. Puros cuentos. Todo eso forma una melcocha, esa mezcolanza forma una bola insidiosa pero en la melcocha, en el tira y jala de esa bola que se forma, se abre un huequito, se abre una hendidura, y va creciendo y termina por producir preguntas tales como ¿por qué es que tenemos que tener un hombre al lado? y produce la respuesta: porque nos creemos los cuentos. Ese hueco en la melcocha familiar, natural, social, es lo que me provoca la pregunta y me da la respuesta y sin embargo... somos y no somos, ¿verdad? --No busques, María Luisa, me decía Remedios que le decía a María Luisa, mantente alerta pero no busques. --Yo no busco, me decía Remedios que le contestaba María Luisa, de verdad que no. María Luisa suspira, se queda quieta y murmura --voy al almacén de al lado de las donas a comprar claveles o margaritas. Se iba, llenaba su casa de flores y venía a la casa de mami con varios ramos, se ponía bien contenta y se enamoraba otra vez, hasta que volvía otra vez a clamar, decía Remedios. Sabíamos que estaba enamorada cuando se ponía flores en el pelo: Isabel segundas si era moreno, cruz de maltas si tenía barba, una gran canaria amarilla si era un amor todavía no correspondido. Cuando se casó por segunda vez y se fue con el innombrable a

Utuado a vivir por los seis meses que duró su nueva infelicidad, se dedicó a cultivar flores, que se le daban maravillosamente en las montañas. Se sentaba a leer entre las míramelindas, los nomeolvides, las begonias y los antulios, esperando que llegara su marido, que cada vez llegaría más y más tarde, para ir corriendo a abrazarse a él, servirle su café con leche, rogarle en silencio que por favor la amara, la amara, la amara. --Pobre María Luisa, dijo Remedios, sufre todo a nivel visceral. --Es capaz de moverse del llanto a la risa en lo que el diablo se arranca una pestaña, decía Leonor. María Lusa ya llevaba tres matrimonios, abandonada siempre a los trece meses y rehusando tener hijos. --No quiero hijos ahora, decía ella, si vienen que vengan después. Todos sospechábamos que ella no quería compartir su tiempo con dos criaturas, se entregaba de completo al esposo, al nuevo amor y la idea de parir no le atraía. --María Luisa no puede pensar cuando está envuelta en las ansias del amor, decíamos. --Además que los hijos, aún las sorpresas, siempre comienzan como pensamientos, decía Remedios. --Por eso es que tenemos hermanos, añadía Remedios, porque cuando somos niños pensamos en otros niños y los vamos trayendo desde allá, de la gran olla de almas. --Por Dios, Remedios, decía Leonor, tú eres bien disparatera. --Que no, contestaba Remedios, yo tuve a Eduardo porque Josefina lo llamó y si no me llego a dar cuenta del complot infantil que se traen las almas, hubiera seguido pariendo, especialmente con Eduardo que adoraba a los niños. --Por Dios, Remedios, pensó Leonor, por Dios. --María Luisa, allí donde tú la ves, me dijo Remedios una tarde, es una creyente, cada hombre con quien se encuentra es el que es y se entrega toda, su fe fervorosa tapa cualquier posible distancia y hasta sus análisis siempre son preguntas ya contestadas porque se sientan sobre la fe. Sus análisis más precisos están ensopados en llanto, su risa más auténtica siempre está infectada por la desesperación. --María Luisa nació para dar tumbos entre los afectos de la vida, dijo Jacobo. Es demasiado inteligente para volverse completamente loca, por eso anda por ahí y por eso vuelve a enamorarse una y otra vez. --Mis conversaciones con María Luisa siempre me dejan con un sabor amargo en la boca, me dijo Remedios, porque percibo el hilo de dolor que se oculta detrás de su risa, la desesperación de la cual nacen todos sus jardines. --Ojalá que logre la paz, suspiró Remedios, pero lo que ella busca no existe, suspiró Remedios, y yo temo por ella, la estoy dejando sola, dijo Remedios, y la tengo prendida del alma. Al otro día me mandó a comprar flores para que María Luisa las viera cuando viniera de visita, aunque a ella nunca le había gustado tener flores cortadas en floreros, ella era mujer de helechos, decía, siempre en grupos de siete para controlar el flujo de energías de los que entraban y salían. Tuviste razón, Remedios, qué bien la conocías. --María Luisa es mi hermana predilecta, me dijo Remedios un día, y sin embargo siento que hay una pared entre ella y yo, de no entendimiento, llega un momento en que no nos entendemos pero claro, después de largas horas de comunicación.

Después de la muerte de Remedios, María Luisa se enredó con varios, incluyendo dos hombres casados, que supiéramos. --Ahí se le fue al carajo, decía Leonor, lo que llamaba su solidaridad con otras mujeres, a la cual había llegado después de sufrir en carne propia lo que ella le había hecho a la esposa del profesor de literatura ése, su primer innombrable. (--Profesor de matemáticas, corregía Aurora). Terminó sola, con el eterno cigarrillo en una mano y el eterno vaso de vino en la otra, alimentándose a golpe de queso blanco del país, presagiando por años lo que Jacobo llamaría la manía españolizante pasada por el matiz de la pretensión gringa de servir vinos y quesos en cada reunión social, en Puerto Rico, país caribeño, de ron y cerveza, decía Jacobo mientras se escondía la caneca en el chaquetón antes de ir a un evento social, esa manía yankee, acusaría a su vez María Luisa, de ponerse chaquetones, ¡Puerto Rico país de guayaberas y camisetas, por Dios!

María Luisa empezó a decaer de verdad después de la muerte de Jacobo. --Comenzó a abandonar su jardín, dijo Leonor, y no quiso que Fortunato se lo cuidara tampoco. --Leonor empezó a cuidar más del suyo mientras a mí no me importaba ya el mío, piensa María Luisa, suerte que Fortunato venía y hacía lo que tenía que hacerse. --El cansancio vital se le metió por los huesos, hasta el terrible accidente ése, llora Angeles. Quedó la fachada de cemento, las rejas medio derretidas; adentro se quemó todo, el fuego alimentado por la cantidad de periódicos y revistas y libros y ropa que andaba tirada por todas partes, especialmente durante el último año. --El reguero era impresionante, decía Mercedes. María Luisa había ido a la casa de la madre del primo Javier y le había pedido algunos dibujos y tintas. Suerte que el innombrable no los había botado y los encontró enrollados debajo del fregadero del baño. Los colgó por las paredes de su casa durante ese último año, para sorpresa de Leonor que pensaba que su hermana estaba decididamente loca. Todos se quemaron, salvo una tinta pequeña de un desnudo retorcido sobre sí mismo que por alguna razón terminó en casa de Leonor y fue dando tumbos hasta caer en mis manos. Aquí lo tengo acompañando lo que tengo de Ignacio. --María Luisa dejó que la casa se le desplomara alrededor, comentaban sus hermanos. --Ahora sí, cuando salía se ponía hermosa, decía Isabel, con sus flores en el pelo como cuando joven. --Inmaculadamente limpia, decía Leonor, con la sonrisa en los labios de la puerta para afuera. --La sonrisa rayada de angustia, murmura Remedios desde allá. --La sonrisa rayada de las ganas de beber para volver a olvidarse, dice Jacobo, muriendo por segunda vez entre las llamas sin ser la mujer de fuego. María Luisa era quien siempre iba a recoger a los sobrinos al aeropuerto, llegaba vestida guapísima y allí nos esperaba, pegada al vidrio con el resto de los diecisiete familiares por persona que siempre están en el aeropuerto. --Somos los únicos puertorriqueños que no vamos en manada al aeropuerto, decía Jacobo. --Porque le tenemos miedo a los aviones, decía Isabel. Pero a María Luisa le encantaba buscarnos y siempre paraba en Piñones a invitarnos a una cervecita antes de ir a la casa de Leonor, quien nos esperaba inquieta. --Esta es la última vez que dejo que los busque, decía Leonor hasta la próxima visita cuando se había olvidado y María Luisa volvía a emperifollarse y nos iba a buscar. Leonor, Jacobo e Isabel nunca iban, el pánico a los aviones era demasiado; Leonor se la pasaba encendiendo velas porque siempre había alguien que conocía montándose en algún avión, madre mía cómo es que la gente no puede estarse quieta.

Todos los hombres son niños, murmura María Luisa, mientras el corazón se le rompe de angustia, de amor, de deseo, mientras las alas se le quiebran y cae, vencida, entre sus plantas sembradas en hileras meticulosas, tratando de controlar la naturaleza incontrolable del trópico, vano empeño. María Luisa cae a los pies de su madre que se aleja por un corredor tanteando con sus manos ciegas, cae a los pies de su padre que muere amando a su madre entre hipos, cae a los pies de Jacobo que da vueltas sobre sí mismo enfurecido, cae a los pies de Remedios que se va alejando tristísima sin poder hacer nada porque María Luisa está incrustada en una silla con la mirada perdida y no puede ver a nadie, sus alas quebradas murmuran nombres de hombres perdidos y su vientre, como una isla naufragada entre huracanes clama por un hombre, cualquier nombre que defina esto, que le diga desde allá qué carajo es esto: Mario, Enrique, Carlos, Eugenio, Antonio, Gerardo, amores míos ayúdenme...

Pero no hay nadie. Enciende un cigarrillo mientras, dando tumbos, busca abrir otra botella de vino. María Luisa sabe que mañana no recordará nada de lo que ha hecho esa noche. No recordará que llamó al teléfono de Antonio en España varias veces y le salió el número equivocado, que no hay nadie llamado Antonio en esta casa, oiga, señora, ¡joder! No recordará que llamó al teléfono de Eugenio y enganchó cada vez que salía una voz de niña al otro lado. Que

Gerardo le dijo basta ya María Luisa, lo nuestro acabó hace tiempo, get over it. Que sus conversaciones imaginarias fueron perdiéndose en un túnel oscuro y negro como su suerte. Que rió como una loca y lloró como una loca. Que continuó bebiendo hasta que se le cerraron los ojos mientras encendía un último cigarrillo. Que por un instante creyó ver a Remedios y le dijo apártate hermana, que me toca lo que me toca.

María Luisa, emergiste de las llamas que te consumieron, sacudiéndote las cenizas, saludaste a Jacobo ya vacío de rabia y lágrimas, buscaste a Aurora entre las sombras de su casa marchita y te colocaste sobre su llanto petrificado como una guirnalda de luz. Llegaste hasta mí y te balanceaste de cara al recuerdo de Remedios, ella tan afortunada en el amor y tú la gran desafortunada, pero ambas vestidas de amor.

--Cuando murió Remedios María Luisa sufrió horrores, dijo Mercedes, era con ella con quien más se sentaba a hablar, tenían un vínculo especial. María Luisa pensaba que Remedios era como ella pero con la fuerza de unas convicciones que ella llamaba racional, esa energía racional de Remedios, decía María Luisa, esa capacidad de mirarse desde otras orillas, ese hábito que adquirió de mirarse vivir mientras vivía a plenitud. --Cuando murió Remedios, hubo una parte de María Luisa que se calló para siempre, dijo Aurora, creo que María Luisa dejó de pensar; se sumergió en su vino y su eterno cigarrillo; se enredó con la serie de innombrables, tenían que haber sido bastantes, creo, dada la diversidad de flores que adornaban su cabeza, cuando llegaba riéndose y se sentaba en el balcón de Leonor a fumar y a sorber su vinito, diciendo: estoy medio enamorada de un colega, diciendo: hoy me llamó Gerardo out of the blue, como si fuera posible volver a confiar en él, o: a Remedios le gustaban jóvenes, tal vez ése ha sido mi error, y hay uno que me echa el ojo cuando los domingos doy mi paseo por el viejo San Juan. Se quedó sorprendidísima de que Mercedes dejara a Rafael después de tantos años, como si se hubiera olvidado de las grandes conversaciones que habían empezado con Remedios, dijo Mercedes, como si hubiera quemado los puentes para siempre, lanzándose a un mar sólo suyo, turbio y solitario. --María Luisa cometió los mismos errores uno tras otro, sentenció Leonor. --No aprendió de sus errores, dijo Isabel, en eso fue una típica, enredándose en unas relaciones más y más imposibles. --Típica no, dijo Aurora, típica he sido yo, yo que me casé virgen, y que he seguido a este hombre por toda mi vida, dejando que me controle en todo, por lo menos María Luisa tuvo amantes, como Remedios. --No, no puedes comparar su vida con la de Remedios, decía Isabel. Remedios tuvo relaciones diferentes y especiales; María Luisa tuvo tres matrimonios que para los efectos fueron uno, un mismo innombrable; María Luisa murió sola, de esa manera tan horrible, casi podríamos decir que fue un suicidio lento, casi podemos decir que se prendió fuego ella misma. --Pues esas dos hermanas mías ahora muertas podrían ser dos perfiles del mismo rostro, si me preguntan a mí, dijo Isabel, pero Remedios con cierta conciencia sobre la vida que no tenía María Luisa. --Dirás cierta aceptación, dijo Mercedes. --Dirás cierta fortuna en el amor, dijo Aurora. --La angustia empezó a crearle unos puntitos en los ojos por donde empezaba a escapársele el alma, le susurró Remedios a Jacobo, empecé a verlos desde acá. --Sí, su risa escondía un cuchillito que le cortaba el alma en pedacitos, le contestó Jacobo a Remedios. --María Luisa empezó a joderse desde que entró a la universidad y se dejó seducir por su profesor de filosofía, y se volvió su amante por aquellos dos años, dijo Aurora. --No era de filosofía, era de literatura, dijo Leonor. --Después lo anduvo buscando en todos sus maridos, creo yo, decía Mercedes. --Probablemente, susurra Aurora, y su intensidad sufriente terminaba por espantarlos, es difícil recibir el amor así de crudo, es la única explicación a tanta mala suerte, a tanta angustia vertida en copas de vino. --La infelicidad se le pegó al costado y no la dejó, pensaron Jacobo y Remedios desde allá, se le hizo hábito, se le acomodó al lado como un gatito y se quedó.

Remedios me contó que ella siempre quiso ayudar a María Luisa. Cuando me fui a España con Heriberto, me contó Remedios, María Luisa era la única que sabía que me iba, veía mi relación con él como una versión feliz de la suya con su profesor de historia. (--¿No era de matemáticas? piensa Jacobo). Después, cuando empezó a sufrir las consecuencias de su amor imposible, porque el pendejo no iba a dejar a su esposa y al hábito de andar seduciendo a estudiantes, ella se vino por tres meses a España y ahí conoció a nuestro vecino, Antonio, y se la pasaron viajando por Andalucía. --Antonio fue la única relación libre que tuve, le dijo María Luisa a Remedios, también fue mi único extranjero. --Ha sido el único a quien no amé, pensó María Luisa casi sorprendida, yo sabía que Antonio nunca saldría de España y yo iba a regresar a Puerto Rico, fue la gran relación de amistad y deseo libre. El, escritor sufrido por la represión, ella puertorriqueña sufrida porque estaba enamorada de su profesor de lingüística (--de literatura, corrige Leonor, --de filosofía, dice Aurora). Se sentaban los dos debajo de la mesa a beber anís y vino tinto, me dijo Remedios, ahí fue cuando le cogió el gustito al vino, María Luisa lloraba por su profesor ingrato y él escribía sus obras irrepresentables con una pluma de tinta roja. Esta mujer es pura pasión, le decía Antonio a Remedios, pura pasión y tormento y se la llevaba a visitar ruinas romanas en Mérida, donde leían sus obras irrepresentables a toda boca, mesándose los cabellos y desgarrándose las vestiduras, los dos ante su país-amor perdido, para terminar riéndose de sí mismos sobre un plato de aceitunas y una botella de tinto. Ahora Antonio está empezando a ser reconocido en y fuera de España, me dijo Remedios, hasta creo reconocer un rastro de María Luisa en un personaje medio desesperado que anda cocinando un cocido madrileño con exceso de garbanzos en una de sus obras.

—Quisiera quedarme un ratito más, quisiera volver a tener fe en el amor, quisiera volver a casarme otra vez, quisiera volver a encontrarme con Antonio, mi españolito querido, no lo pude amar porque no se puede amar a alguien que te ama libremente, no se puede amar cuando te deslizas hacia otros puertos, cuando ya estabas contaminada por la enfermedad del amor no correspondido. Quisiera poder volver a aquellas ruinas y erguirme como un ave, quisiera volver a verte, Remedios, y a escuchar tus palabras sabias pero hace tiempo que mis palabras son sólo filtros de las tuyas, palabras mías como enredaderas tupidas que atraen a las oscuras golondrinas, ciegas golondrinas que repiten los mismos trinos desesperados hasta convertirse en plena desesperación, me estoy convirtiendo en un ser idéntico a mí mismo, tú hubieras dicho que eso es sinónimo de la locura, ¿es cierto que dijiste eso o fui yo? ¿el rostro que recuerdo es el tuyo o es el mío?

—Quisiera no tener que morirme así, quisiera poder haber ensayado mi muerte una vez más, yo que le tengo tanto miedo a las sorpresas, yo que busco los finales primero para trazarme el camino, tú me entenderías, Remedios ¿verdad que sí? Me hubiera gustado vestirme de mujer de cine mudo, toda de blanco, y haberme muerto mirando a la muerte con cabeza entornada, gesto suplicante pero contenido, ojos abiertos y labios entreabiertos como esperando que la vida se me saliera para chuparme la muerte como a una buena verga de joven efebo.

—Quisiera morirme ya, quisiera no tener que sentir este dolor petrificado que me empuja el pecho hacia adentro, que no me deja casi comer pero que me permite respirar entrecortadamente, cuando me despierto a media noche temblando de pánico, preguntándome por qué por qué, por qué me traiciona la mente de esta manera, el cuerpo de esta manera, la vida de esta manera, desde una orilla observo el río de odio que me mira con ojos burlones, el odio será mi mortaja si no logro escaparme, Remedios, oh Remedios, ya casi no puedo verte, he destrozado mi vida, permitiéndole la entrada al mundo y sola estoy frente a este río de odio que me moja los pies, que empieza a hacer eco en mi garganta atragantada, oh Dios mío, qué me ha pasado, qué es lo que soy. Ay, hijos, ¿por qué no los protegí de su padre, por qué no me interpuse entre los gritos de él y las lágrimas de ellos?

—Dios mío todopoderoso, protege y cuida a mis hermanos muertos Jacobo, Remedios, María Luisa, que viven en tu reino; Jesucristo salvador, tráele la luz a Aurora, para que reconozca tu potencia y se consuele abrazada a tu esplendor, así como yo que me he reconciliado con tu presencia milagrosa, llévale la luz, ábrele las puertas de tu reino en esta tierra, que es sentir la paz que yo siento cuando voy a tu iglesia todos los días, cuando siento el amor que emana de tu seguidor el padre Juanchito, Dios mío protégela y otórgale la única felicidad posible que es la paz espiritual, por la cual yo vivo cada día, la cual quería desesperadamente, buscando el perdón de todos mis pecados y desaciertos en esta vida. Virgencita querida, cuida de mi hermana Leonor, ella es fuerte por fuera pero débil por dentro, ella se casó con un gringo y todavía está con él pero ella nos necesita más que nada a nosotros. Que sus hijos, desperdigados allá afuera, la acompañen lo más posible, que ella también empiece a creer en los milagros, como yo empecé a creer cuando sentí la paz que me llenó el alma cuando Mercedes me llevó a su iglesia y juntas nos arrodillamos frente a los cirios encendidos. Por tres largas horas cayeron las lágrimas por mi rostro, lágrimas verdes, amarillas, rojas, azules, violetas y, finalmente blancas; lágrimas por donde caían todas mis amantes pasadas, perdonadas por Dios, lágrimas de pena, de dolor y las últimas, las blancas, lágrimas de paz. Un río de amor me invadió el alma y expulsó hacia fuera todo lo malo, por eso ruego por mi familia, ruego por toda mi familia, mi madre muerta, mis hermanos muertos, mis hermanas vivas, mis sobrinos y mis sobrinas desperdigados por el planeta, perdónalos porque no saben lo que hacen, rezo por todos, y como tu amor justiciero y todopoderoso me ha invadido el alma para toda la eternidad, rezo por mis cuñados extranjeros, rezo por los esposos y las esposas y los amantes o las amantes extranjeros de cada uno de mis sobrinos, rezo por cada uno de mis sobrinonietos extranjeros, rezo por todos, para que todos ellos alcancen tu reino, se arropen de luz divina que emana de tu espíritu de amor, por los siglos de los siglos, amén.

--Me siento en mi balcón rosado, enciendo un cigarrillo y me pongo a pensar: veo la casa que era de María Luisa, la han convertido en dos casas: arriba vive don Zoilo con sus dos gatos Papagenno y Papagenna, abajo vive doña Esperanza con su hija solterona Esperancita, la pobre no era fea pero estaba demasiado reprimida, como hubiera dicho Remedios. Hace falta Remedios, con su alegría seria, con sus ojos sabios, con su locura, sí, pero su locura siempre encerraba cierto propósito, siempre tenía algún efecto en el mundo por así decirlo, no le rebotaba de vuelta para joderla, no como al pobre Jacobo o a la pobre María Luisa, auto consumiéndose en una intensidad que al final era una nada, un gran vacío, nada nadita de nada. Veo la casa, también dividida en dos, donde vivieron por un tiempo Remedios y Eduardo, su apartamento es ahora patolandia, un entra y sale constante de plumerío constante, bien buena gente son todos pero no entiendo por qué a los gay les gusta tanto la Lupe, esa voz de fañosa tembluzca mejor hubiera quedado sepultada en el olvido, según mi punto de vista. El apartamento de abajo parece la embajada dominicana, algo se traen entre manos pero a mí lo mismo me da, son buena gente también y además, como decía Jacobo, el Caribe siempre ha sido un tejemaneje de gente moviéndose de isla en isla. Pienso en mi padre, tantos años muerto; recuerdo cuando Victoria y yo lo vimos cruzando el comedor, ella tendría unos trece años y él acababa de morir. Pienso en mi madre, ella fue una mujer primero alegre, recuerdo que siempre estaba cantando, luego no es que se pusiera triste (era muy fuerte para eso) pero sí se puso seria, eso sí. Pero ella estaba en paz, realmente admirada de sí misma, no como Aurora que vive atormentada en su vejez, siguiendo una vida escrita por unas convenciones en las que ya no cree, cuando la vejez se hizo para estar una tranquila, y tampoco como Isabel y Mercedes que andan convertidas en sor Isolina y sor Guadalupe, respectivamente. Yo no creo en los milagros y mi gringo se me ha enfermado, yo quisiera que nos muramos juntos, así yo no tengo que sufrir su ausencia y él no tendría que sufrir la mía, yo no quiero quedarme sin mi interlocutor querido, con él las palabras adquieren una transparencia maravillosa, significan lo que significan porque ambos las entendemos de la misma manera, con él las palabras no son taladros, no son aguja e hilo simultáneo, no son risa, no son llanto, no son tampoco cartón piedra, no, con él las palabras son esferas luminosas que van y vienen por el espacio que nos separa, por el espacio que marca nuestras diferencias, palabras que tejen puentes que cruzamos para mirarnos, reconocernos y querernos, palabras transparentes, palabras que pertenecen a un futuro donde vivir no sería dolor, donde podríamos ser felices en la calma de un lago plácido. Esferas de luz, anclas de paz, puentes de amor que me protegieron de mí misma mientras me vivía, querido Frank, interlocutor querido, no te mueras sin mí, por favor, por favor, por favor, no te mueras sin mí.

Cuando mi padre se estaba muriendo le tomé la mano y le hablé, calladamente, ya no podía oírme y le dije: cuando yo me esté muriendo, así como tú, pensaré en ti, y estaré contigo. Con cierto perdón porque ahora no puedo hablarte, porque en toda mi vida me fue difícil hablarte como quise. Pero el día de tu muerte te hablaré ahora como ahora no te hablo sino que te sostengo la mano así, dijo ella y quiso que así fuera, y él expiró y fue reunido con sus padres...

Aurora visita el panteón, llevándole flores a María Luisa, Aurora llora en silencio frente a la tumba de sus hermanos, busca a Remedios y la encuentra charlando con Jacobo frente al mar. Aurora busca a María Luisa y sólo puede ver las flores que adornaban su pelo, como señales de un faro que todos necesitan, usan y olvidan. Aurora no puede penetrar la lista de pétalos que se imprimen en los anhelos, la vida que ella percibe detrás de los floreros quemados. Estoy más muerta que tú, llora Aurora frente al mar. Aurora ya no puede ver los gestos de ternura que le manda Remedios a través del tiempo, no puede ver el saludo que le manda Jacobo, se arrodilla sobre la tumba de sus hermanos y estruja las flores de María Luisa entre sus manos. Aurora cae de rodillas, sumergiendo la frente en los pétalos marchitos de nombres, sin ver los gestos vehementes que sus tres hermanos muertos empiezan a lanzarle desde la tierra. Se levanta y sale del cementerio por última vez, creando gran perturbación de ánimas y sin poder escuchar el aleteo de mil alas que buscan penetrar su pecho, se aleja llorando, con una gran sombra a sus espaldas, sin escuchar el corro que empieza a erguirse a su alrededor, sin ver a los otros muertos, que en suprema solidaridad por su condición de muertos, se unen al canto de los tres hermanos que buscan que Aurora se dé la vuelta y reconozca, al fin, su propio nombre.

Tenía setenta años, setenta. Toda la vida se la había pasado sirviendo. Todo esto no es nada nuevo: vida típica de mujer Típica: hijos, marido dominante, ella, el objeto que él exhibía: bella, bien vestida, controlada totalmente desde siempre, desde lo que cocinaría hasta lo que se pondría hasta cómo harían el amor, cuándo, dónde, por qué, todo lo dictaminaba él. Ese viejo que tenía al lado y que de pronto miraba y desconocía. No, no lo desconocía, le conocía todos los detalles, todos los olores, todos los gestos, todos los pasos y tonos de voz, todos toditos así que de pronto nada, aunque algo sí: de pronto, un buen día (día eterno, de horas y horas, meses y meses, años) se dio cuenta de que no se creía el cuento, ya no se lo creía, el cuento del hombre que hay que seguir, el cuento del hombre que hay que servir, el cuento del hombre que hay que cuidar, querer, aceptar; el cuento del hombre que se lo merecía todo, inclusive su propia vida, la suya, dedicada toda a El. Ay madre mía, no le había servido de nada leer La amortajada hace tantos años, asintiendo, sabiendo en su fuero interno (fuero interno, por Dios) que el estar muerta era una delicia, una verdadera delicia, pero eso era ahora que casi no podía levantarse de la cama, que no podía mirarlo de frente, que ya agotada no podía más. ¿Ahora qué? No me quiero levantar, se yergue frente a mí la imagen peor de mí misma, la mía, imagen empequeñecida que se mira al espejo y recibe la deformidad de un pasado mío y ajeno, que quisiera olvidar. Dentro de mí un duende implacable martillea mis ansias, gozando de la frustración que me provoca el servirme una taza de café, la frustración que es sentirme allá mirándome. Quién es la que me mira, quién es esa mujer de rictus amargo (rictus amargo, por Dios) y ojos grandes cubiertos del polvillo que parece indiferencia pero que no es sino la tapadera de setenta años, setenta años de vida, cuarenta y nueve al servicio de ese hombre intolerante e intolerable que no se atreve a mirarme ya, enfermo y cojo del alma, pagando lo que ha hecho, lo que nos hizo, este hombre que ahora se mueve como un duende vencido por la vida (vencido por la vida, por Dios) pero que todavía a mi costado determina mi movimiento, mi inercia. Pero me pierdo a veces, finalmente puedo perderme en mí misma, ya no me importa nada, ya no tengo que servir, ya está todo afuera: estoy deprimida y me duele el alma (me duele el alma, por Dios) y ya no me importa. Ahora estoy aquí entre estas paredes de una casa que no siento como mía, pero no tengo que servir, no tengo que acudir como un perrito fiel, agradecido de una mano, de una caricia, de un cariño, no tengo que fingir más. Pero... ¿fingir? ¿Realmente yo fingía? No, ¡carajo! Yo era el cuento de la mujer que se enamoró y se casó para servir, aceptando, aceptando que se le dictaminara todo, ésa era mi vida y me lo creí, me lo creí todo pero ya no podía creérselo, ya no. Setenta años. Arrugas, cansancio. Entonces lo único que tenía era su depresión, ese duende implacable martilleándole el alma y la cabeza, escribiendo sus líneas: que no quiero hacer nada, que no quiero despertarme, que ya basta. Era lo único que veía cuando se arrastraba hacia la cocina y bebía su café: una ventana luminosa con una mujer de rictus amargo (rictus amargo, por Dios) y ojos grandes tapaditos de velos que ya no eran ni dolor, sino distancia de ser una imagen, distancia de no ser nada más que la imagen de ella sentada tomándose un café sin recuerdos precisos; sólo eso era, mirándose a sí misma, absorta en esa especie de fotografía que reconocía como ella tomándose el café, sola, rodeada de un halo oscuro que era la ausencia de un pasado definible, de un yo quise yo quería yo necesitaba yo quiero y necesito. Se miraba por horas enteras, obsesionada por esa imagen de sí misma tomándose el café, sorbo a sorbo, ajena y miserablemente infeliz, deseando no cambiar la foto porque por fin tenía algo que era ella, algo que nadie podría quitarle nunca. Allí en las puntas de sus dedos sucedía la otra mujer, la de rictus amargo que sorbía el café que sabía a muerte, la que ajena al mundo permanecía subsumida en su imagen, mirándose con una infinita pena, entre martilleos de duendes y expresiones de ese ser siniestro que de vez en cuando deambulaba a la cocina y la miraba de reojo, sin saber qué decir, qué hacer, sólo aplastándose más bajo el marco de esa fotografía que lo miraba sin verlo desde la pared oscurecida, el marco de la fotografía de la mujer a quien amó, y con quien había compartido tantos años.

--Yo no conozco ni los suspiros de hombre frustrado, piensa María Luisa, los suspiros de quien no puede irse ni quedarse, los suspiros de umbral y de queja; yo conozco las rabias temporeras, los avances febriles del cortejo, los pétalos de fiebre en mi pelo, las miradas que le lanzan a otras desde su estatura, la indiferencia ante mis lágrimas y el miedo ante mis risas abruptas. --Yo conozco el silencio que producen los años, piensa Mercedes, cuando tienes que callar y esperar que el mundo repita lo que ya sabes, verlo llegar cada día con la mirada tapando el miedo, el miedo al mundo que reta por miedo el hombre fuerte, quererlo en silencio, el silencio que crece debajo de la vida que se vive en común, debajo del ir y venir crece un río de sangre, la sangre que un día se detiene para dar paso a una vida, y le llamamos hija, la sangre que vuelve silenciosa mientras me desplaza hacia la espera de lo que yo sé él hará, dirá, sufrirá, yo soy el público que espera que el telón se levante para observarme, yo soy el público que busca al autor para encontrarlo bañado en sangre y luego olvidarlo mientras se abre una puerta y se da la bienvenida al hombre. --Yo conozco el goce de estar viva entre unos brazos, piensa Aurora, yo conozco la forma exacta de su deseo, la forma exacta de sus pedidos, la forma exacta de su amor, la forma exacta de sus besos, la forma exacta de la vida detrás de sus ruidos y sus demandas, yo conozco la forma exacta de su amor de padre, la forma exacta detrás, siempre detrás que yo leo, que he aprendido a leer, a descifrar con fidelidad, yo conozco la forma exacta del amor que se guarda detrás del hábito, del miedo, de la edad, del imposible, nosotras a sus lados, intérpretes, traductoras, cansadas.

*N*uestra prima Mercedes, que se crió como nuestra hermana, Aurora, María Luisa y yo nos sentábamos a charlar largas horas, me contaba Remedios. Jacobo era como un pajarito que revoloteaba a nuestro alrededor, siempre metido en nuestros asuntos, siempre opinando, siempre queriéndonos. Leonor era el árbitro, la que no comía cuentos, la que nos acusaba de tener las cabezas llenas de musarañas. Mami es el centro de esta familia, y lo continuará siendo, me dijo Remedios, sus influencias llegarán hasta ti Victoria, hasta todos los de tu generación pero hasta ahí llegará, de ahí no pasará (tenemos dos generaciones después de nosotros y luego todo se transforma, vuelve a empezar). Perdona que te cuente todas estas cosas, Victoria, que casi te obligue a esta memoria, creo que tú necesitarás de todo esto para ir armando tu cuento, para ir liberándote de nuestro peso; es necesario que yo hable ahora que me estoy muriendo, ya tú sabes: manía de cerrar, ilusión mía de inventora frustrada, necesidad de seguir construyendo el precario andamio por donde ando, por donde andas, por donde andaremos, por lo que se irá desvaneciendo con los años, integrándose a otros niveles; pensándose de otras formas; me iré transformando en la memoria de todos y también en la tuya pero quisiera que algo quedara de estas semanas de diálogo unilateral, mi autoría incierta, mi futuro. Jane, en uno de sus momentos proféticos me dijo que mi familia se esparciría como semillas de trigo, como una mini explosión eco de los grandes cambios que sufriría la humanidad cuando finalmente las entidades de los niveles paralelos dejaran de ser meros espectadores. Yo los quiero tanto a todos, me decía Remedios, siento como si los estuviera viendo, en el pasado y en el futuro, o sea ahora mismo que me voy alejando de este cuerpo y sus especificidades creo entenderlos tan bien; hasta cierto punto soy la suma de todos ellos, o la resta, dijo riéndose, y ahora seré una silla vacía, un vestido sin cuerpo, la sombra de un andamio, silueta de andamio pero nunca fantasma, no seré fantasma, esa carencia de muerte, simulacro de ser. Yo me voy. Ellos se quedan. Mercedes sabrá lo que tiene que hacer, me decía Remedios, a María Luisa la tengo prendida del alma, me decía Remedios, a pesar de su vida, sus flores, sus ganas de amar y su antimaternalismo. Todo eso es señal de fuerza y brío en cualquiera menos en María Luisa, me decía Remedios, entristecida. Ella y yo empezamos a contarnos nuestros amores casi simultáneamente, yo siendo más precoz, dijo Remedios riéndose y ella cuando entró a la universidad y se volvió amante de su profesor de literatura (--de filosofía corregirá Leonor, llorando la muerte de sus hermanas). El primer hombre con quien uno se acuesta nunca debe ser alguien importante, me dijo Remedios, siempre será relevante pero no debe tener importancia alguna. --¿Me estás entendiendo, Victoria? --Sí, tía, te entiendo perfectamente, yo me acosté a los quince, entre el croar de los sapos y el cantar de los coquíes en El Verde con Phillip, una relación tranquila que duró lo que tenía que durar y cuando terminó nos despedimos sabiendo que siempre nos recordaríamos. --Bien hecho, me dijo Remedios, porque si te acuestas por primera vez con un gran amor, quedará confundida para siempre la emoción y la mente, por así decirlo, la leche con la magnesia, por así decirlo, y no podrás entenderte ni en tus alegrías ni en tus penas.

nas. Yo me acosté con Ricardo, el hermano de una amiga mía, cuando vivíamos en Manatí, cuando tenía dieciséis años, frente al mar por supuesto, la presencia del mundo natural le da un énfasis importante, porque en el vínculo del amor, al sentirnos parte del cuerpo, del planeta, siempre nos pensamos vínculo y ese pensarse es la salvación de cualquier tragedia emocional posible. Ricardo era un tipo chévere, no requería de nada, tenía un buen corazón, era tierno y bueno y no me perturbaba el alma. Acostarnos furtivamente por un tiempo fue nuestro juego privado y aún después de crecer y seguir nuestros respectivos caminos de relaciones, cuando nos tropezábamos en una fiesta o en la calle, él del brazo de su esposa, (por cierto, de quien Rafael estuvo de novio un tiempo antes de enamorarse de Mercedes, Dios mío que incestuosa es esta isla), y yo de brazo de alguien, nos saludábamos con gran cariño y nos abrazábamos como buenos amigos, sabiendo que nuestra relevancia no tenía ninguna importancia en la vida del presente que es la que se tiene que vivir. María Luisa no tuvo esa suerte, me dijo Remedios, Aurora tampoco, pero Aurora hasta ahora es feliz con su hombre, sigue cautivada por el sudamericano ése, como dice Jacobo, y mejor que así sea. Porque si no, pobre de ella. Mercedes dice que se casó virgen, pero yo tengo mis dudas, nosotros teníamos una caterva de primos que venían a jugar cada tarde y yo creo que ella le pasó el ojo a varios antes de aceptar a Rafael. De todos modos, Mercedes sabrá lo que tiene que hacer y ella no me preocupa, me dijo Remedios, Leonor tiene cada pie metido en un ancla, ella siempre entenderá lo que hace, siempre sufrirá en silencio y siempre buscará tapar su sensibilidad con sus opiniones tajantes pero es una mujer fuerte, que acepta su destino, y vivirá a plenitud, al lado de su gringo, ese hombre que todo lo entiende. Jacobo continuará ahogándose en sus palabras e Isabel dará sus tumbos de bellaquería lésbica hasta tranquilizarse con alguien o sin alguien pero estará tranquila. Gustavo, pues, seguirá con sus medicamentos y sus pensiones del ejército, volviéndose cada vez más sombra, y mami, pues ya tú sabes, mami seguirá siendo mami, dulce tarántula como tú le llamas, el Buda como la llama Leonor, el oráculo de Delfos como la llama Mercedes, morirá viejita y feliz, habiendo logrado su más caro deseo, verse rodeada por sus hijos hasta el final de sus días. Y aquí estoy yo, la que empezó a arrepentirse (por qué) y a morirse (por qué) y a hablarte (por qué) casi al mismo tiempo, como una noria que gira y gira hasta desaparecer en un puntito de lo que espero sea luz. (No, tía, como una constelación de flores amarradas al deseo de una familia, como un cuadro profético que enganchamos en la pared de la sala para mirarlo cuando nos hace falta vernos en el mundo).

  Cómo acertaste, tía, pienso ahora, hasta con Mercedes, que para sorpresa nuestra terminó divorciándose de Rafael después de tantos años de lo que veíamos como un matrimonio básicamente feliz y hasta adelantado para su generación y continuó el resto de su vida cuidando a su único nieto de su única hija, Mercedita, madre soltera para el eterno espanto del padre y la eterna paz de la madre. Dice Isabel que Mercedes llegó un buen día y dijo ya está, me divorcio de Rafael. Cuando le preguntaron simplemente dijo: porque me da la real y grandísima gana. Mercedita fue la única de la generación de nosotros que se quedó en la isla, tal vez porque era prima de sí misma, como decía Jacobo. Tuviste razón, Remedios, qué bien los conocías, cómo eras capaz de leerte en sus vidas, hacerles creer que eran como tú, que tú eras como cada uno de nosotros. Con razón te quisieron tanto, con razón después de tu muerte hablaban como si estuvieras presente, olvidándose a ratos de que habías muerto, con razón me miraron con tristeza infinita cuando empecé a irme, yo la primera que empezó a irse, como si mi ausencia fuera una traición a tu ausencia tan llena de luz, una equis de sombras sobre tu nombre de luz.

¿Lo entregarías al tiempo, a Eduardo? ¿Lo lanzarías al tiempo para que me buscara a mí y me encontrara caminando un día por las calles de Boston? ¿Por qué nunca regresé a la isla? ¿Por qué me fui del Caribe? ¿Por qué escribí, hace veinte años, en Madrid, cuando todavía no sabía que iba a ponerme a recordarte de esta manera, lo siguiente?:

"Cuando yo tenga cuarenta años escribiré lo siguiente: Acababa de cumplir los cuarenta. En algún momento había pensado quizás tener hijos pero no los tuvo. Sola, recorría las calles pensando en el valor de ser monje. ¿Valor? Mundo de aristas puntiagudas que se tocan... Había vivido con varios hombres a lo largo de su vida. Había conocido a muchos hombres a lo largo de su vida. A todos los había amado. Un mismo amor como un mismo espejo. En suma, que no lo conocía, pensaba casi alegremente. Estas palabras las escribió mucho antes de cumplir los cuarenta y cuando las leyó, a los cuarenta, no se reconoció en ellas. Eso no fue mi vida, dijo. Esto último también lo escribió mucho antes de cumplir los cuarenta. Todo lo escribió el mismo día. Mejor detenerse en este engranaje para no seguir girando y girando pero no: no podía detenerse: a todos los había amado, un solo amor imposible. Acababa de cumplir los cuarenta".

Ahora que he llegado a lo que tú llamaste la edad del arrepentimiento y me pongo a encontrarme con cosas como ésta, equivocadas porque, entre otras cosas, acabé teniendo tres hijos y sin embargo... Hay un espacio en un centro vaciado de palabras y de tiempo que me señala, palabras que no son mías, palabras que fueron naciendo de esta vida que también fue tuya, de todos nosotros, ¿no? ¿Por qué me escogiste Remedios, para contarme tu vida y formarte como el eje de recuerdos? ¿Cómo adivinaste mi incredulidad, mi falta de fe, mis distancias si yo todavía no me había vivido en ellas? ¿Tu perversidad me marcó o simplemente tu intuición me reconoció? ¿Sabrías, como Josefina lo vino a saber, que yo sí me iría, que siempre me estaría yendo y que nunca podría irme totalmente? ¿Sabrías que aquí iba a estar, veinte años más tarde, doblada sobre una computadora en Nueva Orleáns, buscándote entre las tumbas de los que han muerto, entre las tumbas de los pocos que quedan? Todos nos fuimos: tus hijos, yo y mis hermanos, los hijos de Aurora; se reventó el círculo, se derramó y se difuminó en el mundo para siempre. Las predicciones de Jane, la loca pitonisa, rebotaron en tus oídos para caer frente a mis pies sin tierra. Los dictámenes de Lucy, que vio la muerte de María Luisa y fue incapaz de decirlo, me llegaron desde unas bocas muertas de sed, muertas de vida. El dolor de Jacobo muriendo se mezcló con el dolor de estar pariendo a mi hijo. La soledad de Isabel, cansada de acusarnos de falta de amor a la patria, es como una sirena cuyo canto prístino me llega mezclado a las aguas sucias del río Mississippi. Aurora se cuela, pálida y muda, en los hilos telefónicos cuando de vez en cuando hablo con mis primos y Leonor, aún estando viva todavía, ya empieza a pasearse por mi casa. La abuela es un centro perdido entre huracanes y a pesar suyo anda junto al abuelo, quien me mira agradecido, caminan entre cafetales derrumbados y balcones soleados llenos de lagartijos verdes. Mercedes y Mercedita no tienen que hablarme nunca, sus vidas me llegan por las noches mientras duermo. El tío Gustavo es una sombra de nuestra memoria y tú, Remedios, existes en unas tardes de trópico, cuando llamándome a tu lado me dijiste, ven, Victoria, necesito hablar, estoy llena de palabrerío. Esas tardes, centro de tu vida que se iba, se han colocado como centro de mi cuento pero ¿qué centro? si te andabas muriendo, ¿qué cuento? Unas tardes de palabras, antes de empezar a irme, antes de morirte, ¿cómo pueden ser un centro, un origen del espacio en que me escribo, del espacio que muevo, con esposo, con hijos, con todo lo que tengo y lo que no tengo? Remedios, ¿por qué sentiste la necesidad de morirte? ¿Por qué ocupas tú el lugar vacío frente a mi mesa imaginada? ¿Por qué escribirte, escribirlos, escribirme me causa esta angustia sin límites? ¿Por qué la simetría no me produce ningún consuelo, como si el absurdo y el engaño fueran exactamente lo mismo, queriendo prohibirnos el sufrir?

    Victoria ya no puede hablar en primera persona, ese boomerang la obliga a levantarse del lado de Edward que duerme y sentarse con un cigarrillo (no encendido, ella dejó de fumar hace tiempo) en el balcón de su casa. Antes de sentarse a mirar los cuadernos y rebuscar sus apuntes y arroparse con una manta multi color y leer carpetas amarillentas y llorar sobre fotografías de fantasmas y escribir por largo tiempo, por días y días y días y días, va a la habitación donde duermen sus hijos: Edward, Remedios, Leonor. Los arropa uno a uno, besándolos en la frente. Cuando está a punto de salir del cuarto, se detiene en el umbral. Se da la vuelta y cree vislumbrar un símbolo de luz flotando sobre la cama de Remedios. La niña murmura algo que no logra entender, palabras de un lenguaje desconocido, un lenguaje nunca antes escuchado.

Otros títulos publicados por

Ediciones Nuevo Espacio

Ado's Plot of Land
Gustavo Gac-Artigas - Chile

Aún viven las manos de Santiago Berríos
José Castro Urioste - Perú

Benedicto Sabayachi y la mujer stradivarius
Hernán Garrido-Lecca - Perú

Beyond Jet-Lag
Concha Alborg - España

Buenos Aires
Sergio Román Palavecino - Argentina

Como olas del mar que hubo
Luis Felipe Castillo - Venezuela

Correo electrónico para amantes
Beatriz Salcedo-Strumpf - México

Cuentos de tierra, agua.... y algunos muertos
Corcuera, Gorches, Rivera Mansi, Silanes - México

El dulce arte de los dedos chatos
Baldomiro Mijangos - CDLibro- México

El solar de Ado
Gustavo Gac-Artigas - Chile

Exilio en Bowery
Israel Centeno - Venezuela

La lengua de Buka
Carlos Mellizo - España

La última conversación
Aaron Chevalier - España

Liliana y el espejo
David Bedford - Argentina

Los mosquitos de orixá Changó
Carlos Guillermo Wilson - Panamá

Melina, conversaciones con el ser que serás
Priscilla Gac-Artigas - Puerto Rico

Off to Catch the Sun
Alejandro Gac-Artigas - Latino

Poemas de amor y de alquimia - Bilingual
          Blanca Anderson Córdova - Puerto Rico
Prepucio carmesí
          Pedro Granados - Perú
Rapsodia
          Gisela Kozak Rovero - Venezuela
Ropero de un lacónico
          Luis Tomás Martínez - Republica Dominicana
Simposio de Tlacuilos
          Carlos López Dzur - USA Latino
Todo es prólogo
          Carlos Trujillo - Chile
Under False Colors
          Peter A. Neissa - USA
Un día después de la inocencia
          Herbert O. Espinoza - Ecuador
Viaje a los Olivos
          Gerardo Cham - México
Visiones y Agonías
          Héctor Rosales - Uruguay
Yo, Alejandro - English - 2nd. Ed.
          Alejandro Gac-Artigas - Latino
Yo, Alejandro - Edición Bilingüe
          Alejandro Gac-Artigas - Latino

Academia:

Caos y productividad cultural
          Holanda Castro - Venezuela
Double Crossings
          Editors: Carlos von Son, Mario Martín Flores
Reflexiones, ensayos sobre 44 escritoras hispanoamericanas contemporáneas - 2 Vols.
          Editor: Priscilla Gac-Artigas
The Ricardo Sánchez Reader / CDBook
          Editor: Arnoldo Carlos Vento - USA

www.ingramcontent.com/pod-product-compliance
Lightning Source LLC
Chambersburg PA
CBHW032357040426
42451CB00006B/38